©Matrioska Editora 2020

Todos os direitos reservados e protegidos pela Lei nº 9.610/1998. Nenhuma parte deste livro, sem autorização prévia, poderá ser reproduzida ou transmitida sejam quais forem os meios empregados: eletrônicos, mecânicos, fotográficos, gravação ou quaisquer outros.

Publisher – Editorial: Luciana Félix
Publisher – Comercial: Patrícia Melo
Copidesque: Gisele Múfalo
Revisão: Equipe Matrioska Editora
Editoração: Marcelo Correia da Silva
Capa: Tony Rodrigues
As ilustrações da capa e do miolo são da artista Lana Tikhonova (banco de imagens Shutterstock)

Matrioska Editora
Atendimento e venda direta ao leitor:
www.matrioskaeditora.com.br
contato@matrioskaeditora.com.br
facebook.com/matrioskaeditora
instagram.com/matrioskaeditora

Dados Internacionais de Catalogação na Publicação (CIP)
(Câmara Brasileira do Livro, SP, Brasil)

```
Lopes, Nara Bueno e
   Pequeno manual das mulheres no poder : o que
você precisa saber para participar da política
brasileira / Nara Bueno e Lopes. -- 1. ed. --
São Paulo : Matrioska Editora, 2020.

   Bibliografia
   ISBN 978-65-86985-00-9

   1. Direitos das mulheres 2. Feminismo - Brasil
3. Mulheres - Brasil 4. Mulheres na política - Brasil
5. Mulheres - Participação política I. Título.

20-42496                         CDD-323.340981
```

Índices para catálogo sistemático:

1. Mulheres na política : Brasil : Ciência política
    323.340981

Maria Alice Ferreira - Bibliotecária - CRB-8/7964

Dedicatória

Para todas as mulheres, que fizeram, fazem e farão parte de minha vida, sobretudo minhas ancestrais: Para minha mãe, Iêda, por ter me ensinado a ler (as letras e as dimensões do mundo), por me ensinar as forças da natureza e ser minha feminista primeira.

Para minha Vódete, por ter me ensinado tanto, no pouco tempo que partilhamos juntas. Por compartilharmos o gosto por esportes, cochilos, prosas, peta, requeijão e pedir descontos.

Para minha Tia Zezé, por atravessar Goiás (e algumas vezes o Mundo), para acompanhar meus momentos e aventuras mais importantes e, sobretudo, por ter me apresentado tantas visões de mundo diferentes, que me acompanham até hoje, inclusive a da diversidade e do bem-viver.

Também às minhas valiosas amigas, companheiras, confidentes e mentoras: Elizete, Liz, Lízia, Sarah, Alethéia, Juliana, Ferde, Susi.

Às professoras que fizeram a diferença não só em minha vida acadêmica, mas em toda minha formação, despertando em mim incômodos e reflexões que partilho também aqui nestes escritos: Vilma, Margareth, Helena, Carmem, Rosani, Luciana, Angelita, Aldevina, Franciele, Maurinha, Márcia, Tia Bena, Tia Chica, Tia Zezinha

À mulheres e amigas que fazem os tortuosos percursos serem mais leves e aprazíveis, desde a infância, até os dias atuais: Ynaê, Gleicy, Anna Raquel, Kaianaku, Mel, Neusa, Maria, Quita, Carol, Bárbara, Ana Carla, Ana Flávia, Aline, Brenda, Vitórya, Sara, Kamilla, Emília, Juliana, Vanessa, Mariana, Dany, Angélica, Telce, Jéssica, Bianca, Cyntia, Esmeralda, Miriane, Anaiê, Fernanda, Dona Zilda, Sueli, Thainá, Ana Flávia, Cléria, Dona Francisca, Flávia, Bruna, Ana, Nina, Marcelle, Andrea, Dona Divina, Sofia, Laura, Janine, Jaqueline, Wélida, Iara, Mônica, Marianne, Marília, Gislene, Paula, Rogéria, Ariana, Vitória, Roberta, Eduarda, Yara, Patrícia, Viviane, Vó Quita, Mara, Jeane, Jullyana, Marina,

Rachel, Renata, Tayse, Nathaly, Patrícia, Lízia, Giselle, Kelly, Marley, Anna, Lorena, Virgínia, Cecília, Lígia, Fabi, Alda, Adriana, Polly, Vivy, Manoela, Gláucia, Elaine e tantas outras que inspiraram a mim e a mulheres de toda sorte na construção de nossos próprios universos.

Às mulheres de minha família, algumas delas não necessariamente parentes de sangue.

Obrigada por contribuírem de diferentes formas, em minha formação: Mahyra, Suzana, Laurinha, Carol, Gabi, Vó Iolanda, Tia Bela, Vó Elza, Dindas Aline e Vilmara, Tia Elisa, Tia Martha, Sabrina, Hellen, Tia Sílvia, Terezinha, Soraya, Tia Lúcia, Tia Joanita, Patrícia, Fernanda e Andrea.

Para Luciana e Patrícia, pela competência, pelas risadas, pelas preocupações compartilhadas, por serem essenciais na concretização dessa empreitada. Também pela cumplicidade e pelos nossos "audiobooks" que transformam a aridez do isolamento social em oportunidades de troca, afeto e reflexão.

Para Reinaldo Filho, pela amizade, pela cumplicidade e pela partilha. Por não ser apenas um irmão, mas meu amigo, confidente e conselheiro! Amo você!

Para Alexandre, sempre. Meu sopro de levitação que me faz crer no amor — desde a superfície, às profundezas.

Obrigada, principalmente, pelo companheirismo e entrega, fazendo com que a doçura, a cumplicidade e a felicidade extraordinárias permeiem nossos dias comuns.

Amo você!

PEQUENO MANUAL DAS MULHERES NO PODER • Nara Bueno e Lopes

Sumário

Introdução	1
1. O que é democracia e por que ela é tão importante?	7
2. Breve histórico da democracia (Grécia Antiga, Revolução Norte-Americana, Revolução Francesa e a Ditadura de 1964)	13
2.1. O alvorecer da democracia na Grécia Antiga	16
2.2. Os direitos inalienáveis, legados da Revolução Americana	17
2.3. A efervescência francesa	19
2.4. Bancada BBB do Congresso Nacional Brasileiro: Bancada do Boi, da Bala e da Bíblia	20
2.5. Retomada da Revolução Francesa	23
2.6. O repugnante período de Ditadura Militar no Brasil (1964)	27
3. A ciência como ferramenta de validação de discursos excludentes. Façamos nossas novas fronteiras!	33
4. Por que as mulheres não têm direitos? O que foi a Declaração dos Direitos da Mulher e da Cidadã?	41
5. Pós-democracia: estamos caminhando para esse cenário?	55
6. A dominação masculina, o patriarcado e a política	63
7. As barreiras invisíveis que afetam as candidatas (*glass ceiling*)	73
8. A conquista do direito ao voto pelas mulheres e o primeiro partido brasileiro criado por uma mulher	81
9. Homens podem ser feministas?	91
10. Estrutura política básica para leigas	101
11. O que uma candidata sem experiência deve saber?	115
12. O que uma candidata experiente deve considerar?	123
13. Fui eleita! E agora? A importância da defesa das pautas e interesses das mulheres	127
14. Vamos às urnas!	133
Referências	137

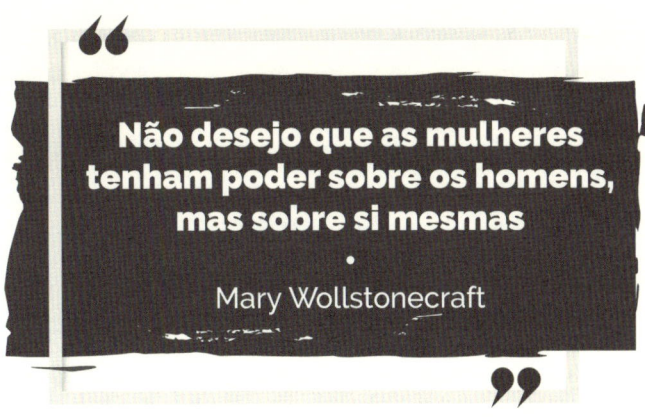

> **Não desejo que as mulheres tenham poder sobre os homens, mas sobre si mesmas**
>
> Mary Wollstonecraft

O que escrevo aqui talvez tenha a função de levantar mais questionamentos e inquietações em vez de efetivamente fornecer respostas prontas. É importante lembrar: não estamos fazendo uma receita de bolo. Diferentemente da confeitaria, não há ingredientes predeterminados, nem medidas exatas a serem seguidas capazes de assegurar o sucesso da receita.

Estamos nos enveredando pela política, pelas relações de poder e pela esfera pública, das quais sempre fomos alijadas por força da dominação masculina. Por conta disso, peço para que persista! A construção dessa inclusão de mulheres nessas esferas tem exigido — e vai continuar exigindo — a mobilização de nossos esforços contínuos, nossos estudos, nossa união, nossa resiliência e, sobretudo, de nossas paixões.

Aproveito esse início para dialogar com você, leitora, para fazer algumas observações: aqui, falarei em primeira pessoa (porque as produções — mesmo as científicas, não são neutras... mas falaremos isso mais para frente, no capítulo 3). Também falo no feminino (leitora, candidata, pesquisadora etc.), como ensinado e adotado pela Professora Débora Diniz (2013), porque essas práticas nos

INTRODUÇÃO

colocam como protagonistas de nossas próprias discussões e, além disso, evitam a invisibilidade de gênero, que queremos justamente combater por aqui.

Esse despretensioso manual tem por objetivo abastecer as mulheres que pretendem se lançar na ocupação de espaços da política formal e também aquelas que já estão no exercício desses cargos (como Vereadoras, Prefeitas, Deputadas Estaduais, Deputadas Federais, Senadoras, Governadoras e quiçá, em um breve futuro, novamente como Presidentes da República).

Temos de ter consciência plena de nossas reais condições nas disputas atuais, de nossa história coletiva, que nos fez chegar até aqui e, ainda, temos de ter consciência das barreiras invisíveis desproporcionais que devem ser transpostas pelas candidatas, possibilitando-nos alcançar os ambientes de tomadas das decisões coletivas.

Aviso a você, ainda, que a intenção desse livro é tratar de uma gama de assuntos que fazem parte de nossa história, nossos contextos sociais e culturais, que formaram e continuam formando uma conjuntura política brasileira peculiar. Por isso, aqui as reflexões serão construídas tendo por base essa intenção. Para as leitoras mais práticas, que desejam respostas rápidas sobre questões referentes às campanhas eleitorais, será disponibilizada uma cartilha *on-line* no site www.matrioskaeditora.com.br para as candidatas, baseada na legislação eleitoral e nas Resoluções do Tribunal Superior Eleitoral que estão vigentes, nesse pleito.

Dessa maneira, acredito e espero que tanto as questões relativas às áreas de conhecimento político quanto as questões práticas acerca de campanhas serão razoavelmente atendidas.

Dito isso, é necessário atenção ao fato de que a percepção de que nós, mulheres, fomos continuamente confinadas e submetidas aos cenários privados, costuma ser um entendimento unânime, com raras vozes dissonantes, dadas as evidências culturais, sociais e históricas desse confinamento e seus reflexos na sociedade contemporânea. É importante que estejamos atentas ao resultado direto desse confinamento sistematizado: muitas ferramentas que deveriam servir para a nossa proteção, para permitir a nossa existência e para promover o tratamento isonômico em relação aos homens, na verdade, foram pensadas a partir de referenciais masculinos, como se a visão de mundo dos homens e os conceitos dela decorrentes fossem neutros.

Como resultado desse contexto de hegemonia masculina histórica e da obrigação de termos de nos adaptar em uma sociedade "neutra" — mas que foi cunhada pelo masculino — é inegável que as mulheres gozam de um *status* diferenciado na sociedade brasileira contemporânea. Essa diferença mora em muitos aspectos da vida: nós mulheres somos diferenciadas socialmente, culturalmente, economicamente e politicamente dos homens. Destaco, aqui, apenas algumas das áreas, porque essa diferenciação transcende nossas existências há séculos e encontra reflexos desde os diminutos detalhes da vida cotidiana até os fortes ecos nos comportamentos generalizados e nas macroestruturas sociais, como a política.

Apesar de sermos maioria da população, como constatado no último censo (IBGE, 2010), essa maioria não se reflete nos meios de poder: atualmente há somente 76 deputadas federais exercendo mandato, em um total de 513 mandatários. Esse número de mandatárias mulheres consiste em um índice de cerca de 15% na composição da Câmara dos Deputados.

Em relação ao Senado Federal, o índice de composição é ainda menor: há somente 11 Senadoras da República, de um total de 81 membros, o que perfaz o percentual de 14% daquela Casa.

Enquanto isso, Cuba possui 53% e Ruanda possui 61% de mulheres no Parlamento. Esses números indicam que o Brasil se localiza nas últimas posições do *ranking* que elenca as mulheres pelo mundo: estamos na 154ª posição (de um total de 174 países) (ONU, 2017).

Em relação à participação das mulheres no Poder Executivo, essa posição é ainda pior: figuramos como o 167º país (de um total de 174), demonstrando que é restrito o acesso de mulheres às posições de decisão e poder institucionalizado. Essa conjuntura encontra reações reflexas em outras esferas, como a cultural e a econômica.

O equilíbrio na representação política reflete diretamente nos índices de desenvolvimento humano (IDH). Países que possuem maior número de mulheres na política institucionalizada apresentam melhores IDH, o que significa maior acesso à renda, educação e saúde, elementos que também são relacionados à igualdade de oportunidades.

O afastamento deliberado e sistematizado das mulheres da seara política retroalimenta um ciclo perverso: somos submetidas a leis e a políticas públicas do Estado que ignoram as condições de desigualdade às quais estamos subordinadas, ao mesmo tempo em que somos alijadas da tomada de decisão dessas mesmas políticas e leis que nos atingem diretamente.

A desigualdade na participação política reflete diretamente na definição das leis e das políticas às quais somos submetidas: reflete nos menores salários (IBGE, 2019), nos direitos trabalhistas, no acesso à saúde, à educação formal, na segurança pública, nas políticas de esterilização e aborto, na produção científica, na cultura etc (Veja, 2018).

Esses índices tímidos de representação na política institucionalizada — também conhecida por política formal — refletem uma série de violências políticas de gênero que recaem sobre as mulheres e devem ser combatidas. Acima de tudo, esse alijamento sistematizado das mulheres na política brasileira consiste em um impedimento para a sedimentação da democracia. A prática democrática é, sobretudo, paritária. Nela, toda pessoa deve ser tratada com dignidade e respeito — pelo Estado e pelos seus compatriotas. É impensável que, em uma democracia contemporânea, a maioria da população seja mantida afastada de suas práticas efetivas.

Para que você e eu possamos transformar esse cenário, será necessário discutirmos acerca das mulheres nos meios de poder.

Conto com você nessa jornada desafiadora, leitora.

Sigamos na luta! E boa leitura!

1
O QUE É DEMOCRACIA E POR QUE ELA É TÃO IMPORTANTE?

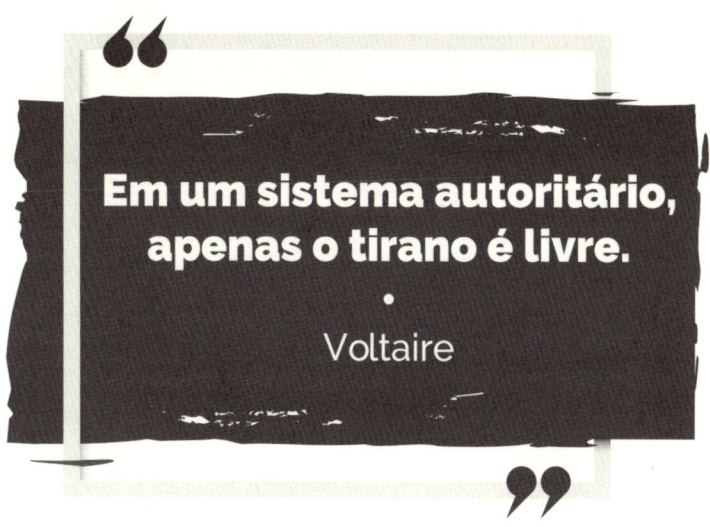

> Em um sistema autoritário, apenas o tirano é livre.
>
> Voltaire

A ocupação de espaços públicos tem sido problemática para nós mulheres, porque colhemos hoje o resultado de uma política construída de forma a nos excluir e nos preterir de maneira sistematizada. Combater um sistema estabelecido é muito difícil! Mas pretendo, aqui, construir com você alguns caminhos (pensamentos, ideias e estratégias) que possibilitem questionarmos e entendermos com propriedade a condição política atual, como também nos munir de ferramentas e condições para ocuparmos os espaços de poder, dentre eles a política.

É comum escutarmos coisas do tipo: "somos uma democracia recente", ou "a democracia no Brasil não está sedimentada e corre riscos", ou "a democracia no Brasil é frágil"... mas o que essas afirmações realmente significam?

Democracia é um regime político no qual as pessoas que compõem a sociedade participam ativamente das decisões políticas coletivas. Essa participação pode ser de forma direta ou de forma indireta, mas falo disso em um minuto.

1. O QUE É DEMOCRACIA E POR QUE ELA É TÃO IMPORTANTE?

Em uma democracia, não prevalece a vontade de uma só pessoa (de um rei, ou de um ditador, por exemplo) e também não prevalece a vontade de um grupo privilegiado (uma aristocracia ou uma oligarquia, por exemplo). Nesse regime, prevalece o interesse público, e as decisões do Estado são pautadas pela liberdade, pelos direitos e pelas garantias fundamentais.

Outro ponto de partida do regime democrático é o entendimento de quem é a cidadã: é a pessoa comum, titular de direitos e deveres, ou seja: pessoa que não precisa gozar de nenhuma condição especial para participar das decisões políticas coletivas. Essa participação pode ser direta (quando a cidadã emite sua opinião de forma direta à autoridade tomadora de decisão, sem intermediadores) ou de forma indireta (quando a cidadã elege pessoas para representá-la e expressar suas opiniões na tomada de decisões)[1].

A democracia consiste, portanto, em um sistema de soberania popular, onde a opinião do povo comum (cidadãs e cidadãos) possui o mesmo valor que a opinião e o voto da pessoa mais rica, mais ilustre, mais conhecida, mais estudada, mais destacada. Isso significa que todo e qualquer interesse é legítimo. Por isso, não há diferenciação feita por conta da renda, da escolaridade, do gênero, da raça, da orientação sexual etc.

No Brasil, o exercício da cidadania se dá pelo voto, que é direto e secreto. A Constituição da República de 1988 prevê que esse voto tem "valor igual para todos", que estabeleceu também que o voto direto, secreto, universal e periódico é uma cláusula pétrea, ou seja: que não pode ser modificada nem mesmo por emenda constitucional.

---

[1] *Em nosso sistema, essas manifestações diretas são feitas através de plebiscito, referendo e iniciativa popular. Já a representação indireta é feita por meio dos votos nas eleições, quando a população elege seus representantes no Poder Executivo (Presidente da República; Governadoras e Prefeitas) e Legislativo (Senadoras da República, Deputadas Federais, Estaduais e Distritais, e Vereadoras), cuja previsão está no artigo 14 da CRFB/1988.*

A beleza do regime democrático é que é possível coexistir de forma harmônica uma gama infinita de interesses, ainda que sejam conflitantes. Aliás, nesse ponto, preciso fazer uma ponderação: em tempos extremados, como o atual em que estamos vivendo, é comum ouvirmos que o regime democrático se trata da proteção (ou imposição) da opinião e valores da maioria. Preciso ressaltar que os defensores dessa ideia estão errados.

Na democracia, os interesses de uma minoria política são igualmente valiosos aos interesses da maioria. Essa é, justamente, a razão de existir desse regime![2]

Então, para combater o senso comum de alguns desavisados ou para os mal-intencionados, explico: o regime democrático é a ferramenta que permite a defesa dos interesses (e a própria existência) das minorias políticas. A essas é permitida a coexistência segura em uma sociedade com valores e interesses plurais.

Qualquer definição que ignora (deliberadamente ou não) esse ponto essencial, de existência — junta e simultânea — entre os grupos diferentes entre si, deve ser analisada com desconfiança, cautela e crítica.

Então, para aqueles desonestos que distorcem o significado da democracia, dando a entender que seria a imposição da vontade de uma maioria política hegemônica, é importante que eu faça aqui uma defesa da necessária e indispensável existência de pluralismo político (e fique atenta, leitora: esse pluralismo não se retém apenas a discursos partidários).

Em um ambiente democrático, não pode haver supressão hegemônica, nem qualquer força de extermínio da outra pessoa. Nesse raciocínio é que Marcia Tiburi (2020, p. 115) afirma que

---

[2]*Por essa razão também é importante ficarmos atentas aos discursos monarquistas, autoritários ou ditatoriais... a quem realmente interessa a implantação de um regime que tem por princípio justamente o tratamento desigual e a defesa dos interesses apenas de alguns poucos "escolhidos"?*

1. O QUE É DEMOCRACIA E POR QUE ELA É TÃO IMPORTANTE?

"esqueceram que o que destrói a democracia não pode ser considerado democrático"[3].

A democracia, tal qual a conhecemos hoje, demorou milênios para ser delineada. Sem exageros: a humanidade demorou milhares de anos para estruturar um regime que possibilita o gozo e a titularidade de direitos por um grupo minoritário, a legitimidade de existir, mesmo havendo um outro grupo (o majoritário) exercendo o papel de "baliza do mediano".

---

[3] Nesta obra, a filósofa conceitua muito bem o paradoxo da tolerância, essencial para a sobrevivência da democracia, no qual Karl Popper estabelece que "devemos, então, reservar, em nome da tolerância, o direito de não tolerar o intolerante".

2
BREVE HISTÓRICO DA DEMOCRACIA
(GRÉCIA ANTIGA, REVOLUÇÃO NORTE-AMERICANA, REVOLUÇÃO FRANCESA E A DITADURA DE 1964)

> O começo é sempre hoje.
> •
> Mary Wollstonecraft

Para entendermos a importância e complexidade do regime democrático, faço pontuais incursões na história. Essas incursões que pretendo fazer serão tanto na história mundial quanto na recente brasileira: em relação à história mundial, preciso fazer a ressalva que essa concepção de história — apesar de ser chamada de "mundial" ou "geral"— tem um enfoque eurocêntrico, contado a partir da hegemonia branca.

Sendo um recorte eurocêntrico, masculino e branco, não leva em consideração as características complexas que são intrínsecas de nosso país, como as questões de colonização e subjugo econômico, racial e cultural, ou da peculiaridade das estruturas sociais e políticas dos povos originários, apenas para citar poucos exemplos.

Falo pontualmente aqui da Grécia Antiga, da Revolução Francesa, da Revolução Americana e da Ditadura brasileira. Também é necessário que eu enfatize aqui que as próximas linhas não substituem leituras e estudos mais aprofundados, pois consistem panoramas gerais traçados apenas com o objetivo de contextualizar as leitoras — ainda que superficialmente. Tenho como objetivo que esses passeios de contextualização sejam breves, ocorrerão gene-

2. BREVE HISTÓRICO DA DEMOCRACIA

ralizações e saltos dedutivos nos processos políticos que, por muitas vezes, pode parecer que os acontecimentos foram espontâneos, mansos ou consensuais... mas não se deixe enganar.

A reivindicação de direitos, a conquista do gozo desses direitos e o ato de despertar uma conscientização coletiva envolvem a participação de diferentes pessoas, com diferentes visões políticas. Esses eventos nunca são tranquilos. Pelo contrário! São ruidosos e desconfortáveis em sua maioria, mesmo que os ruídos e desconfortos tenham ficado esquecidos na poeira da história.

2. 1. O alvorecer da democracia na Grécia Antiga

Feitas essas pontuações necessárias, inicio essa viagem no tempo fazendo o convite de levá-la comigo à Grécia Antiga, leitora. Prepare sua túnica e sandálias de couro e lá vamos nós!

Mais de 500 anos antes de Cristo nascer (em 508 a.C.), após um período de tirania, a cidade de Atenas instituiu a democracia. Parece um pouco surreal que há tanto tempo a democracia já existisse, mas é preciso saber que a concepção da democracia grega era diferente da democracia atual.

Originalmente, a palavra democracia é a junção de demos (povo) e kratos (governo/poder/regra). O governo do povo se opunha ao antigo regime grego, a aristocracia. Nesta, o poder era concentrado em uma pequena parcela de nobres "bem-nascidos" que monopolizavam os privilégios e os recebiam — e os transmitiam — por herança. Não por acaso, o governo aristocrata significa, literalmente aristos (os melhores/os excelentes) kratos (governo/poder/regra).

Após anos de desigualdade e injustiças sofridas pelo povo comum desprovido de privilégios e atuantes como a parte mais vulnerável das relações de poder, houve uma violenta reação da população das classes atenienses mais baixas. O governo tirano do aristocrata ateniense Iságoras tinha como prioridade prestigiar a nobreza. Com o passar do tempo, os subjugados ficaram saturados das constantes atrocidades às quais eram submetidos. A insurgência dos populares foi tão brutal que decorreu em um cenário de caos político e social. Para acalmar a insurgência popular e também os ânimos dos nobres, um aristocrata chamado Clístenes propôs a ideia de representação direta: o governo do povo.

Contudo, engana-se quem pensa romanticamente que "povo" era qualquer um. O conceito de cidadão grego era muito excludente: os estrangeiros, os pobres, os jovens, os escravos e as mulheres não eram considerados cidadãos, e não podiam votar. Com essas exclusões de grande parte da sociedade ateniense, apenas cerca de 30% da população era considerada cidadã e podia exercer a democracia.

Passados milhares de anos, essa mesma democracia, nascida no violento conflito de interesses entre nobres e populares, continua sendo a semente que germina no Ocidente como uma alternativa — que embora tenha defeitos, é ainda muito melhor que todas as outras — para abarcar e proteger os multifacetados interesses existentes em uma sociedade igualmente multifacetada.

2.2. Os direitos inalienáveis, legados da Revolução Americana

Milênios separam a origem grega das tempestuosas sublevações que redesenharam a política europeia e norte-americana, com reflexos até os dias atuais em todo o mundo: a Revolução Americana e a Revolução Francesa. É impossível não reconhecer a relevância e os impactos dessas Revoluções na construção das concepções de cidadania, liberdade e democracia que carregamos até os dias de hoje.

Por conta disso, nesse momento convido a leitora a colocar sua peruca exagerada, passar um rouge e posicionar charmosamente sua pinta falsa no canto da bochecha... desembarcamos em uma alvoroçada sociedade americana, na segunda metade do século XVIII, quando os Estados Unidos ainda eram colônia da Inglaterra.

Nesse período, os EUA começaram a ter constantes conflitos com a metrópole britânica e o motivo era que a Inglaterra aumentou impostos sobre os colonos norte-americanos, no intuito

2. BREVE HISTÓRICO DA DEMOCRACIA

de equilibrar as finanças que estavam em prejuízo, após anos de guerra com a França.

Em 04 de julho de 1776, a burguesia colonial proclama a independência das Treze Colônias americanas. O estopim da revolta, que resultou na independência norte-americana, teve como justificativa mais preponderante a exploração impassível das colônias pela metrópole.

Após esses acontecimentos, a população colona passou a se rebelar com o tratamento dado pela metrópole: a tensão se tornou crítica diante da posição claramente oposta de interesses entre a colônia e a coroa inglesa.

Enquanto a colônia queria aumentar suas condições de competição no cenário de comércio internacional e ter mais liberdade interna para explorar terras e aumentar a produção de insumos, a metrópole desejava apenas permitir a manutenção de mínimas condições de existência da população colonial, sem que a produção da colônia colocasse em risco relações comerciais valiosas entre a coroa inglesa e outros países, ou seja: a estabilidade da política e dos acordos comerciais da coroa estariam sempre acima dos interesses da colônia, independentemente se isso significasse medidas de anulação das políticas internas e sacrifício comercial das Treze Colônias.

Diante desse cenário de claro conflito de interesses, a metrópole inglesa determinou a cessação do comércio entre os colonos e outros territórios, permitindo o comércio apenas com a Inglaterra. Por outro lado, aumentou e criou impostos (como a Lei do Açúcar, Lei do Selo etc.), tais leis foram denominadas como Leis Intoleráveis e causaram grande comoção entre os colonos.

As medidas inglesas significavam um duplo golpe sobre a colônia: de um lado, promovia uma grande perda de espaço na conjuntura de comércio interno e internacional (e consequentemente afetava os recursos advindos desta atividade) e, por outro, constringia a propagação de ideias contrárias à coroa.

Diante da continuidade das exigências excessivas da coroa

inglesa, houve uma escalada da revolta dos colonos, que se armaram para enfrentar as tropas reais. Os conflitos armados se estenderam por cerca de cinco anos, sendo denominados Guerra da Independência. Durante esses conflitos, as Treze Colônias proclamaram sua independência, mas ainda não possuíam unidade interna.

A sublevação norte-americana contém um ponto principal que merece ser destacado: em meio à guerra e aos ataques (visivelmente superior da coroa inglesa), os colonos se firmavam em uma frase que até hoje é uma das mais conhecidas da língua inglesa: "Consideramos estas verdades como autoevidentes, que todos os homens são criados iguais, que são dotados pelo Criador de certos direitos inalienáveis, que entre estes são vida, liberdade e busca da felicidade."

Com essa afirmação, a um só tempo, a colônia subverte a legitimidade da política de exploração colonial e, ainda, a autoridade divina do rei.

Todos os homens passam a exigir legitimamente um tratamento digno da autoridade constituída (gozando de direitos inalienáveis, como o direito à vida, à liberdade e à felicidade) e também a participação na construção das regras aos quais serão submetidos.

Ali começava a germinar a semente da democracia tal qual a conhecemos hoje, que passava a diferenciar um súdito de um cidadão. De uma pessoa submetida ao alvedrio do poder real a de uma pessoa que possuía direitos inatos, mesmo não sendo poderosa.

2.3 A efervescência francesa

Agora, convido você para irmos à Paris de Maria Antonieta, na França Monarquista do final dos anos de 1700. A realeza gozava de uma solidez construída ao longo de centenas de anos, a sociedade seguia em camadas de privilégios que começavam com a existência do rei, no topo da pirâmide. O rei gozava de prerrogativas ilimitadas, por ter sido "escolhido" ou por ser o "representante de Deus na Terra". Os direitos dos monarcas e de suas famílias eram, assim, heranças diretas de Deus.

2. BREVE HISTÓRICO DA DEMOCRACIA

Nesse ponto, preciso chamar sua atenção, leitora! Imagine a situação — que era corriqueira no século XVIII — um rei concentrava em suas mãos o poder de tomar todas as decisões sobre a vida de seus súditos. Seu poder era considerado divino, e o próprio Estado adotava uma religião como legítima (daí o chamado Estado Confessional), que calhava a ser a mesma religião que amparava a divindade das decisões reais.

Dessa forma, se uma pessoa questionasse o poder e as decisões do rei, estaria questionando a um só tempo a legitimidade do monarca e da Igreja. E mais que isso! Estaria questionando a decisão divina, de Deus em si. Nesse contexto, qualquer pessoa que não se curvasse às vontades do rei seria um herege por si só.

A adoração à figura do rei também tinha outra perspectiva: dava a sensação de patriotismo ao povo, de modo que ser leal à coroa era visto como uma lealdade ao próprio país e a seu povo: era um ato de patriotismo.

Não à toa essas duas instituições — a monarquia e a Igreja — construíram relações umbilicais ao longo dos séculos. Essa relação fortalecia os laços sociais e culturais que solidificavam as bases do autoritarismo real, chamado de absolutismo. Essa relação possibilitava que o poder dos reis fosse absoluto, irrestrito e inquestionável. O rei só deixava seu posto em duas possibilidades: quando morria, ou quando abdicava ao trono.

Essa relação de simbiose entre Estado e Igreja fazia com que os discursos da Igreja legitimassem o Estado, e vice-versa, fazendo com que os abusos e privilégios fossem aceitos, gozados e convalidados em um ciclo permanente de validação que se retroalimentava.

2.4 Bancada BBB do Congresso Nacional Brasileiro: Bancada do Boi, da Bala e da Bíblia

Nesse ponto específico faço um parênteses para atentar você, leitora, ao fato de que, apesar dos grandes esforços empreendidos até os dias atuais para sairmos das garras do poder tirânico

dos soberanos legitimados pela suposta escolha divina, estamos vivendo hoje um retorno a esta situação deplorável que mistura política, Estado e religião: os políticos em geral (alguns até detentores de mandatos, portanto, já eleitos), têm buscado a legitimação de discursos religiosos para justificar a supremacia de suas escolhas, mesmo que essas escolhas sejam claramente inadequadas.

Essa relação de validação do discurso político e dos atos do Estado/Governo instituído, conjuntamente com a Igreja (autoridade divina), consiste em um estratégia nefasta e torpe que desvirtua e desconsidera qualquer questionamento válido acerca das autoridades envolvidas.

Atônita, vejo o fortalecimento de discursos religiosos como o do atual Presidente da República[4], que insiste em juntar as políticas e decisões públicas ao crivo divino que sua religião — e apenas ela — lhe dá. Então, aqui, é necessário que eu deixe o aviso: desconfie de qualquer liderança (seja ela religiosa, seja ela comunitária, ou seja ela política) que oferecer o combo de política associada à religião.

Não por acaso, países considerados antidemocráticos e autoritários têm discursos religiosos muito bem delimitados (como o Egito, ou o Estado Islâmico do Iraque, Irã e da Síria, por exemplo). Sugiro aqui um documentário político-cômico genial chamado *Tickling Giants* (*Fazendo cócegas em Gigantes*[5]), dirigido por Sara Taksler, contando a história do Dr. Bassem Youssef durante a Revolução Egípcia, a primavera árabe. Apesar de o

---

[4]*Neste momento que escrevo esse livro, o país enfrenta a pandemia global da Covid-19. A imprensa internacional elegeu o atual Presidente Jair Bolsonaro como um entre os três piores líderes mundiais no combate à crise sanitária. Enquanto cientistas, pesquisadores, políticos sérios e a população mais instruída formalmente defende atitudes calcadas na ciência, o Governo brasileiro insiste, oficialmente, no terraplanismo sanitário: nega as evidências científicas, produz crises políticas e institucionais despropositadas e — de uma maneira direta, ou indireta — impele milhões de brasileiros ao risco iminente de morte, por contaminação do vírus.*

[5]*Tradução livre.*

2. BREVE HISTÓRICO DA DEMOCRACIA

tema ser tratado com grandes pitadas de sátira e comédia, vale para fazermos uma reflexão.

Peço para que nos perguntemos constantemente: por que é tão fácil estranharmos um estado que adota o islamismo, mas aceitamos como "normal" um grupo de congressistas eleitos democraticamente que é denominado de "bancada da Bíblia" e defende a supremacia de suas crenças religiosas como políticas de Estado a serem impostas aos demais?

Pior que isso: por que naturalizamos o fato de que esses mesmos congressistas se juntem em uma frente parlamentar apelidada de BBB — bancada do Boi (ruralistas), da Bala (armamentista) e da Bíblia (evangélicos)? É razoável pensar que uma frente de parlamentares cristãos se junte a interesses oligárquicos de latifundiários e armamentistas?

A *Bancada da Bíblia* é composta, em sua maioria, por pastores neopentecostais e evangélicos fervorosos, cujo objetivo é articular e mobilizar força parlamentar contra temas relevantes que nos afetam diretamente como a igualdade de gênero, a descriminalização do aborto, o acesso à educação formal, a liberdade individual, a homossexualidade etc.

Apenas para você ter uma ideia da grandiosidade desses discursos segregadores e violentos: na atual legislatura, a Bancada da Bala possui 195 Deputados Federais e 8 Senadores da República. Acaso fosse um partido político, seria o terceiro maior do Congresso Nacional, ficando atrás somente de partidos tradicionais e consolidados no cenário político nacional (o MDB — Movimento Democrático Brasileiro e o PT — Partido dos Trabalhadores).

Então, apesar do espanto que você pode ter tido pensando na Síria, ou no Egito, ou em qualquer outro país que adota oficialmente uma religião (Estado Confessional), tenha em mente que a situação do Brasil caminha para um futuro temeroso.

Você, leitora, o que pensa sobre essa situação de nosso Congresso Nacional?

2.5 Retomada da Revolução Francesa

Fecho aqui esse parênteses acerca da gradativa e preocupante aproximação da política com a religião que tem acontecido no Brasil. Retomo à famosa e buliçosa Revolução Francesa: o Rei Louis XVI mantinha a imemorável tradição de abusos e privilégios de seus antecessores para com a população francesa (seguindo os moldes do Rei Louis XIV, chamado de Rei-Sol, que reinou até 1715; como também de Louis XV, chamado de O Bem-Amado, que reinou até 1774).

Essa sucessão régia é chamada de Antigo Regime, pela História. Nela, a plebe subjugada à miséria, à falta de acesso a direitos básicos como moradia, saúde, educação, era impedida de acessar a terra e, ainda, forçada a pagar pesados impostos... Por outro lado, a burguesia se cansou de ser tratada com desdém pela nobreza, uma vez que também queria gozar de direitos e privilégios, já que produziam riquezas.

Entremeando a essas condições, ainda existia um fator preponderante: os reflexos do Iluminismo nas classes mais baixas (ideias desenvolvidas durante todo o século XVIII, na Europa, eram difundidas nas camadas de pobreza). Após séculos imersa no jugo do clero e da realeza, a população francesa finalmente experimentava a natural efervescência resultante das transformações filosóficas e políticas trazidas pelo Século das Luzes.

As ideias de liberdade, tolerância, separação Igreja-Estado (dentre outras concepções subversivas aos padrões estamentais[6] anteriores) e de humanidade foram sendo introjetadas na sociedade francesa ao longo do século XVIII, mas não foram suficientes para promover a diminuição da desigualdade na França.

---

[6] *A Sociedade Estamental é típica do período medieval, consistente em rígidas estruturas sociais, na qual o nascimento marcava o destino da pessoa: se nascida em uma família de posse e prestígio, era a "vontade de Deus" e, por isso, podia gozar de privilégios econômicos e sociais. Acaso a pessoa nascesse em uma família pobre, teria de servir toda sua vida, pois se ousasse questionar essa lógica, estaria colocando em cheque a própria decisão divina. Esse período é marcado pela Teocracia e pelo Absolutismo.*

2. BREVE HISTÓRICO DA DEMOCRACIA

É importante lembrar que nessa época eram negados direitos elementares aos homens (como as liberdades individuais e as garantias fundamentais). Leitora, se aos homens era negado o *status* de cidadão... imagine às mulheres! Nesse cenário, as mulheres não gozavam de nenhum direito ou reconhecimento social e cultural.

Foi nesse palheiro seco que se ascendeu a fagulha da igualdade, liberdade e fraternidade: lemas tradicionais da Revolução Francesa. Mas muito além de lemas, essas palavras significam que a população francesa reivindicava uma existência mais digna (tanto os burgueses, a parte rica da população, composta por produtores/exploradores dos trabalhadores famélicos, como a parte pobre, pessoas que não gozavam de nenhum direito, cujas forças de trabalho eram exploradas à exaustão).

Enquanto o povo definhava, o Rei Louis XVI seguia a filosofia absolutista de seus antecessores, centralizando o poder e as decisões do Estado[7] e defendendo os interesses do clero e da aristocracia. Contudo, um dos ápices da insatisfação generalizada com a Coroa foram as insuficientes colheitas de 1787 e 1789. Com o resultado abaixo do esperado, a falta de alimentos para a população francesa tornou-se comum, e o povo famélico cada vez se insurgia mais contra o poder instituído.

Em maio de 1789, em uma franca crise política, social e econômica, o Rei Louis XVI convoca a Assembleia dos Estados Gerais (cuja reunião não era realizada desde o longínquo ano de 1614), na tentativa de acalmar os ânimos e pacificar os revoltosos, visto que as três principais classes sociais participavam de sua composição: a nobreza, o Terceiro Estado e o clero.

Na pirâmide do poder, na qual o rei era o vértice supremo, figurava logo abaixo a Igreja (também chamada de clero, Primeiro Estado, ou *premier état*), a nobreza (ou aristocracia, chamada de Segundo

---

[7] "Je suis la Loi, Je suis l'Etat; l'Etat c'est moi": *Eu sou a Lei, eu sou o Estado. O Estado sou eu.* (Em tradução livre).

Estado, ou *second état*). Por último, existia o Terceiro Estado.

Esse Terceiro Estado viria a mudar o mundo tal qual era conhecido! O Terceiro Estado, o último e menos poderoso da pirâmide, era constituído pelo povo. Mas, quando falamos povo, devemos ter em mente que essa parte detinha cerca de 98% da população francesa, composta de cortesãos[8], burgueses abastados e de uma massa abundante de camponeses. Apesar de numeroso, o Terceiro Estado detinha apenas 20% das terras.

Acontece que, se hoje a propriedade já é símbolo de *status* e significa acesso à produção de riqueza, imagine naquela época! Num período no qual as tecnologias eram limitadas e as riquezas giravam em torno das *commodities*[9] agrícolas e da ainda incipiente produção industrial, ter uma porção de terra e nela produzir significava ter acesso à riqueza e a uma vida minimamente decente.

Os outros 80% das propriedades eram igualmente divididas entre o clero e a nobreza: assim, apenas 2% da população gozava da maioria da riqueza da França. Diante desses números que ilustram uma extrema desigualdade, pergunto a você, leitora: parece um cenário familiar?

Em 09 de julho de 1789, os revoltosos proclamaram a Assembleia Nacional Constituinte, originada da reunião dos Estados Gerais

---

[8]No dicionário, *cortesão é descrito como aduladores palacianos desprovidos de títulos nobiliárquicos, mas frequentadores da corte de algum soberano.*

[9]*A palavra commodity (ou commodities, no plural da língua inglesa) significa mercadoria, ou matéria-prima. Designa produtos de origem primária, em estado bruto com importância internacional (dada a demanda generalizada por eles, tais como café, algodão, cerais, açúcar etc.). Atualmente, os preços das commodities são regulados pelo comércio e bolsas internacionais. Contudo, os maiores países exportadores dessas matérias-primas sacrificam a saúde de seus solos e suas economias, privilegiando a concentração de riqueza na mão de grandes produtores rurais (pequeníssima parcela da população), em detrimento de economias menos desiguais, como as produções familiares, por exemplo. As produções familiares, ou agroecológicas, danificam menos os solos e promovem maior distribuição de renda, além de trazerem outros benefícios para a segurança alimentar. Apesar de o assunto ser interessante e a discussão ser necessária, vou me ater a esses argumentos para manter o foco da discussão.*

2. BREVE HISTÓRICO DA DEMOCRACIA

com objetivos de limitar os poderes reais, separar o Estado da Igreja e abolir a servidão feudal e o acesso das propriedades apenas à nobreza.

Em seguida, a população revoltosa invadiu uma fortaleza medieval que era usada como prisão e representava o poderio da Coroa, do clero e dos nobres sobre a população comum: a Bastilha. A invasão ocorrida em 14 de julho de 1989 é denominada de Queda da Bastilha, e foi tão significativa que reflexos políticos desse ato foram vistos até mesmo na Rússia Imperial.

Na sequência, em 02 de outubro de 1789, a Assembleia Nacional Constituinte francesa votou a Declaração dos Direitos do Homem e do Cidadão, sob forte influência da Revolução Americana (de 1776, na qual os "pais fundadores", inspirados pelo "Império da Liberdade" redigiram a constituição com a tripartição dos poderes e prevendo, de maneira inédita e importante, a proteções às liberdades individuais e liberdade religiosa — não por acaso, até os dias atuais os Estados Unidos da América se autoproclamam como líderes do "Mundo Livre").

Diferentemente da constituição estadunidense, a grandiosidade da Declaração dos Direitos do Homem e do Cidadão reside no fato de que nela se pretendem abarcar direitos humanos fundamentais, liberdades e garantias individuais a todos os homens. Sim, aos homens. As mulheres ficaram de fora.

Apesar dos heroicos esforços de algumas e de alguns revolucionários, as mulheres foram deliberadamente margeadas do gozo de direitos que se pretendiam para todos. Mulheres lutaram bravamente para serem incluídas no conceito de cidadania, algumas foram mortas por isso: Olympe de Gouges, Mary Wollstonecraft, Sophie de Condorcet e tantas outras foram engolidas pela invisibilidade de gênero.

No capítulo 4, falarei mais sobre essas notáveis que reivindicaram direitos às mulheres, em uma época na qual o dever de uma mulher era ficar calada.

Enquanto reis e rainhas eram guilhotinados em praças públicas — eventos impensáveis até pouco antes — o Antigo Regime dava

lugar ao governo do povo. Passando brevemente por um regime de Monarquia Constitucional, a Igreja foi separada à força do Estado.

Em 1793, a Primeira República Francesa foi proclamada, havendo uma escalada do Terror. Sob uma Paris flamejante, o período de ódio aos tiranos e o governo popular durou pouco, mas foi suficiente para deixar profundas marcas no imaginário europeu de insurgência e da necessidade de combate às desigualdades sociais. Posteriormente, esses valores foram sendo vagarosamente dispersados pelo mundo.

Levaram alguns séculos para que países colonizados assimilassem esses emblemáticos valores de liberdade, igualdade e fraternidade, aí incluído o Brasil. Apesar da grande tentação de percorrer pormenorizadamente a História do Brasil, até chegar nos dias de hoje, vou me conter.

2.6 O repugnante período de Ditadura Militar no Brasil (1964)

Com o intuito maior de enfocar momentos pontuais na História que nos fizeram chegar até a conjuntura sociopolítica atual, darei um salto abrupto e desembarco no Brasil, nos primeiros anos da década de 1960.

Repare na música distante que está tocando no rádio. Será que é a transmissão dos Festivais? Você consegue discernir qual a canção que toca? Uma de minhas favoritas! É Vandré! Geraldo Vandré, como costumo chamar de "o gênio do jazz brasileiro".

Sei que já comecei com polêmica: nem todo mundo o considera gênio. Menos ainda são os que concordam com que ele seja um representante do jazz... mas, para meus ouvidos pouco treinados para a música e para meu coração revolucionário e amoroso, ele afaga com sua voz doce, frases duras e toques brasileiros.

Repare que as músicas, assim como as reportagens e os livros, eram submetidas à censura, nesse período. A liberdade de expressão sofreu dura castração. Do mesmo modo, outros direitos individuais e garantias constitucionais foram violentamente retirados dos brasileiros.

2. BREVE HISTÓRICO DA DEMOCRACIA

Você pode estar se perguntando, principalmente se for uma leitora mais jovem, quais são os aspectos gerais de um regime ditatorial? Por que ele é tão pernicioso para seu povo?

Um regime ditatorial — e o brasileiro não foi diferente — se baseia na violação dos direitos humanos; aliás, essas violações são incorporadas como práticas legítimas pelo Governo. Além disso, é caracterizado pela ausência da participação popular nas eleições, pelo rígido controle dos meios de comunicação (censura) e divulgação de propagandas falsas e desinformativas à população pelo governo. Também se caracteriza pela alta intervenção estatal e ausência de liberdade de ir e vir.

Nesse tenebroso período, que durou 21 anos (de 1964 a 1985), houve a edição de 16 Atos Institucionais que se sobrepunham à Constituição, inclusive fechando o Congresso Nacional por três vezes e legitimando o atroz regime de silenciamento e de violência para com os cidadãos brasileiros. Nesse período, o Judiciário foi fortemente aparelhado e repreendido.

O ato mais conhecido e nefasto do período militar foi o AI-5 que, para confirmar a superstição popular que identifica como mau agouro a sexta-feira, dia 13, o referido ato foi instituído justamente em uma sexta-feira 13, dando fim aos direitos individuais e à liberdade, com o fechamento do Congresso Nacional, a extinção do *habeas corpus*, proibição de livre locomoção e da realização de reuniões por populares, como também a cassação de mandatos de prefeitos e governadores.

As Forças Armadas brasileiras foram usadas como ferramenta opressora de nossa própria população. A desigualdade tomou proporções abissais. A corrupção tornou-se sistêmica e um pequeno grupo de famílias aliadas dos tiranos militares tirava proveito financeiro do regime autoritário, concentrando renda e propriedades, enquanto milhões de brasileiros tinham suas existências precarizadas.

Os breves avanços políticos, econômicos, sociais e culturais do período de Juscelino foram violentamente eliminados pelos abusos dos militares. Nesse longo e tenebroso período de barbárie, tornaram-se comuns desaparecimentos, agressões e assassinatos de brasileiros contrários ao regime autoritário. Nesse contexto caótico, é impossível não concordar com as palavras do escritor Eduardo Bueno, quando diz que as Forças Armadas de um país devem "servi-lo, não sufocá-lo".

A partir de documentos recentemente divulgados pela Casa Branca, foi revelado que o ex-Presidente John Kennedy manteve conversas com o embaixador americano no Brasil, Lincoln Gordon, que culminaram com o envio de uma frota naval à costa brasileira, no intuito de pressionar e destituir o então Presidente João Goulart (Macedo, 2014).

Jango, popular apelido de João Goulart, por sua vez, já havia sido Vice-Presidente nos governos de Juscelino e de Jânio Quadros. Com a renúncia de Jânio Quadros e o medo generalizado da condução do Brasil por Jango, o Congresso Nacional propôs a adoção do parlamentarismo, arrefecendo a força e a usual concentração de poder da figura do Presidente da República.

Depois dessa proposta conciliatória, em 08 de setembro de 1961, Jango assume a Presidência da República e, em 1963, após uma forte campanha publicitária do governo, a população brasileira rejeita o sistema parlamentarista, em plebiscito.

Jango começa a implementar suas reformas de base e, inclusive, adota o método criado por Paulo Freire de combate ao analfabetismo. Com esse método, o educador Paulo Freire recebeu fama pois, contra todos os argumentos "lógicos" da época, conseguiu alfabetizar 300 adultos (trabalhadores braçais, cortadores de cana) em 45 dias, possibilitando o acesso de brasileiros paupérrimos a melhores condições de sobrevivência.

Paulo Freire foi nomeado por Jango, em janeiro de 1964, para liderar e organizar o Plano Nacional de Alfabetização, cuja intenção era alfabetizar 2 milhões de brasileiros, em 20.000 círculos de cultura. Para que você tenha uma ideia, leitora, apenas com o início da implantação, houve a inscrição de mais de 6.000 alunos interessados apenas no Estado da Guanabara (Estado que atualmente corresponde ao território do Município do Rio de Janeiro).

Os militares se organizaram para efetivarem o golpe contra Jango por ele defender abertamente essas reformas profundas (nas searas trabalhista, educacional, política, agrária e fiscal). O estopim do processo que rompeu com o regime democrático foi justamente a realização de um comício onde Jango e Brizola (Univesp TV, 2014) discursaram calorosamente. Na ocasião, o Presidente assinou o decreto SUPRA, primeiro passo para a consolidação da necessária Reforma Agrária no Brasil. Esse evento ficou conhecido como Comício das Reformas ou Comício da Central do Brasil, no dia 13 de março de 1964, com mais de 150.000 presentes.

Nesse ponto, leitora, peço que se atente ao fato de que as elites brasileiras (que então exploravam a produção e exportação de *commodities*, mantendo a sistemática colonial) se juntaram à ala golpista do Exército, pedindo por uma intervenção militar. Essas elites se opunham às pautas reformistas de Jango, porque exploravam a mão de obra barata, analfabeta e desqualificada. Além disso, essas elites eram detentoras de latifúndios e não pretendiam apoiar nenhum ato que indicasse a redistribuição de terras, pela reforma agrária, nem a emancipação de miseráveis analfabetos brasileiros.

Então, como já deve ter concluído: essas elites fizeram uso de uma ferramenta muito volátil que pode ser estrategicamente utilizada em tempos de instabilidade: o discurso moral, ético e religioso, aliado ao político e aos interesses econômicos. Parece familiar? Não à toa um famoso teórico político conservador, chamado Edmund Burke, nos legou a seguinte expressão: "um povo que não conhece a sua história está condenado a repeti-la".

Essa mistura sórdida de elementos culminou no convencimento, pelas elites, da classe média de que Jango era um risco ao país, porque era uma "ameaça comunista" e que a melhor solução era a intervenção militar, para que ele fosse retirado da Presidência e novas eleições fossem convocadas no ano seguinte. Inúmeros políticos da época, que tinham destaque no cenário nacional, somaram forças à intervenção militar golpista, para que pudessem disputar as eleições de 1965 sem a competitiva e conhecida figura de Jango.

O problema é que as eleições não se realizaram no ano seguinte, nem no outro. E a política e o governo brasileiro submergiram em um pântano antidemocrático: sem alternância de poder, sem escolha livre dos governantes, sem a participação das mulheres, sem a proteção dos direitos humanos.

Em 31 de março, os militares golpistas enviam tanques ao Rio de Janeiro, onde Jango estava. Na madrugada de 02 de abril de 1964, ainda nas sombras do dia anterior[10], o Congresso Nacional declara a vacância do cargo de Presidente da República e, no dia 10 de abril do mesmo ano, o Ato Institucional nº 1 (AI-1) é publicado, cassando por 10 anos os direitos políticos de João Goulart. Essa prática de cassação dos direitos políticos foi amplamente difundida pelo governo ditatorial nos 21 anos que seguiram: qualquer pessoa que estivesse incomodando os tiranos tinha seus direitos políticos cassados.

A Comissão Nacional da Verdade (2014) foi criada para investigar as violações de direitos humanos cometidas por agentes públicos do Estado brasileiro, ou por pessoas a seu serviço, entre os períodos de 18 de setembro de 1946 a 05 de outubro de 1988. A CNV constatou que o regime militar implantado no Brasil utilizava regularmente mais de 30 técnicas de tortura em seus interrogatórios abusivos.

Bastava ser uma mulher que questionasse a legitimidade do regime militar, ou que discordasse do mesmo. Aliás, bastava que os ditadores suspeitassem que mulheres estavam "escapando de seus papéis domésticos", para que fossem submetidas às mais asquerosas torturas.

Dos muitos absurdos e flagelos impingidos às "investigadas", os militares tinham preferências tenebrosas: estupros, introdução

---

[10]*Faço aqui referência ao Dia da Mentira ou Dia dos Tolos, popularmente celebrado na data de 1º de abril.*

2. BREVE HISTÓRICO DA DEMOCRACIA

de ratos nas vaginas das presas, tortura psicológica com animais selvagens. As insurgentes brasileiras sobreviveram a duras penas na ilegalidade, lutando pela redemocratização do país.

Não por acaso, nos 21 anos da ditadura militar foi estimulado o sentimento de nacionalismo fanático, que encontrava eco nos esportes. Daí a cuidadosa construção da imagem de que o país era o país do sorriso e do futebol.

Segundo a professora Maria D'Alva G. Kinzo (2001), não só o regime ditatorial no Brasil foi peculiar, mas também nossa transição democrática: uma vez que 11 anos transcorreram para que a democracia fosse restabelecida.

Em 1979, o último ditador militar, João Figueiredo, começou um lento, gradual e seguro[11] processo de redemocratização. Uma das mais importantes medidas foi a negociação da Lei da Anistia, que concedia perdão geral aos crimes políticos que foram cometidos entre as datas de 02 de setembro de 1961 e 15 de agosto de 1979. A lei também se estendia aos crimes conexos cometidos com os crimes políticos.

É importante não esquecermos que violações de direitos humanos eram rotina no período ditatorial, sobretudo as perpetradas contra indígenas e mulheres.

Depois desses pontuais passeios pela história, espero ter deixado claro porquê a memória é tão importante para o desenvolvimento de um povo. Um povo que não tem consciência de suas memórias, de sua própria história e de suas lutas, é um povo que repete erros periódica e ciclicamente. Por isso, manter a memória é, ao mesmo tempo, útil para não repetirmos equívocos anteriores, mas essencial para nos constituir enquanto povo.

---

[11] *Esses adjetivos não foram dados por mim, apesar de concordar com o primeiro deles (lentidão do processo de redemocratização). Esses termos designam consensual e comumente, pelos estudiosos de História, o processo de redemocratização. Desconfio fortemente que esses adjetivos consistem em remanescente das estratégias de propaganda para suavizar os efeitos venenosos do período ditatorial no Brasil.*

3
A CIÊNCIA COMO FERRAMENTA DE VALIDAÇÃO DE DISCURSOS EXCLUDENTES. FAÇAMOS NOSSAS NOVAS FRONTEIRAS!

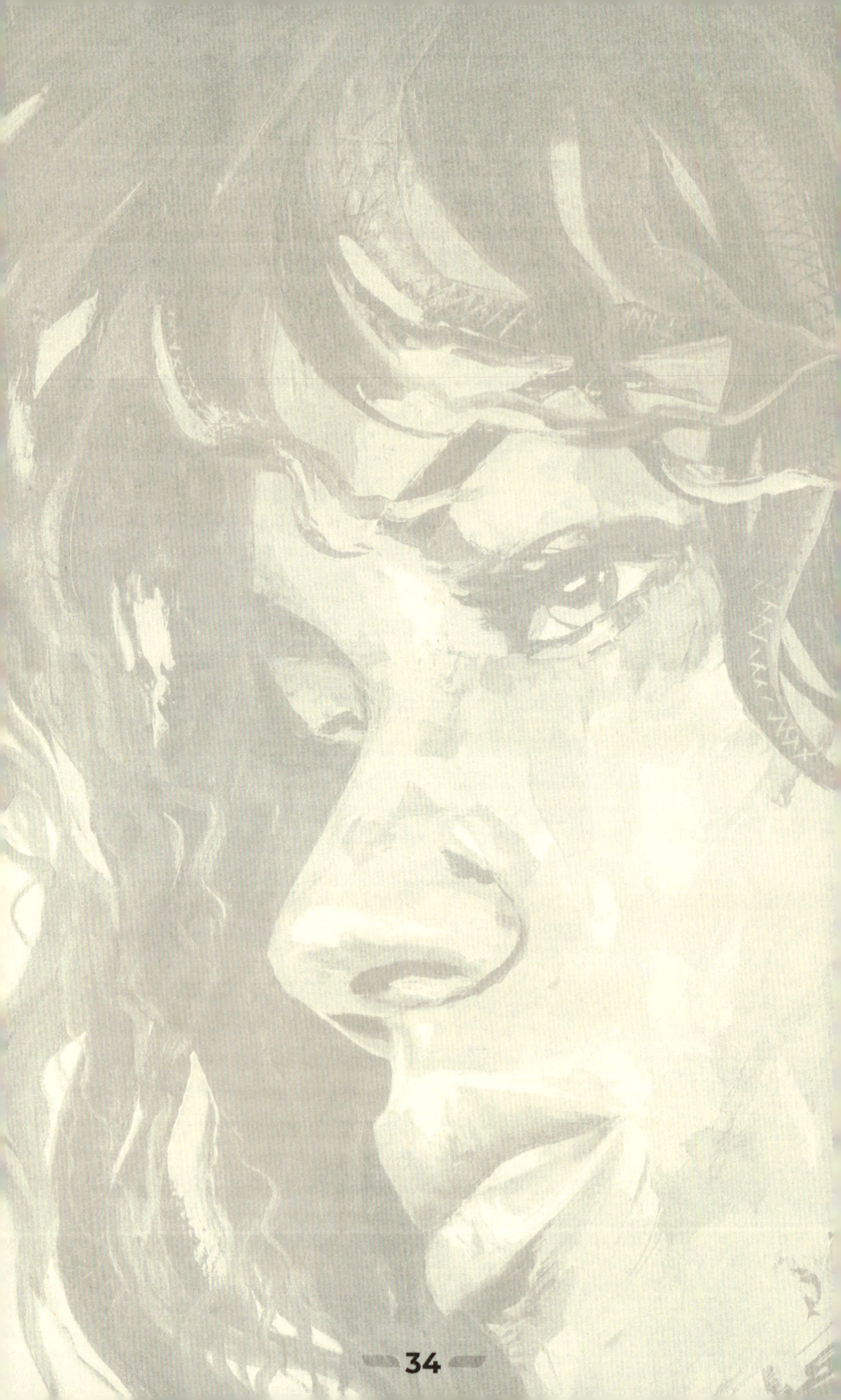

> Procuro semear otimismo e plantar sementes de paz e justiça.
> Digo o que penso, com esperança.
> Penso no que faço, com fé.
> Faço o que devo fazer, com amor.
> Eu me esforço para ser melhor a cada dia.
> Pois bondade também se aprende!
>
> Cora Coralina

É minha obrigação enquanto pesquisadora e feminista, entusiasta do pensamento científico e ativista de direitos humanos, dividir com você, leitora, algumas imposições que nos foram apresentadas ao longo da história, mas que devem ser questionadas: falo aqui da suposta neutralidade da ciência.

Ciência é uma palavra que deriva do latim *scientia* que significava conhecimento. Originalmente, tomar ciência consistia em tomar conhecimento de algo ou compreender o funcionamento do universo. Essa compreensão foi cuidadosa e meticulosamente permitida apenas aos homens. Esse recorte de permitir somente aos homens o acesso ao conhecimento não foi ao acaso, mas foi uma opção escolhida e pensada, cirurgicamente recortada para deixar as minorias políticas fora da produção e da compreensão científica.

Daí porque a ciência que nos foi apresentada como neutra nos últimos séculos (e de neutra não tem nada), na verdade sempre foi construída como uma ferramenta de validação social e cultural que defendia os interesses de uma classe dominante e de

3. A CIÊNCIA COMO FERRAMENTA DE VALIDAÇÃO DE DISCURSOS EXCLUDENTES. FAÇAMOS NOSSAS NOVAS FRONTEIRAS!

um gênero apenas: da elite e do homem. Consistindo em um ciclo que se reforça automaticamente e é aceito como regramento universal, enquanto, na verdade, nada mais é que a expressão de visão de mundo daqueles que o produziam — e ainda produzem.

Daí que a ciência tem sido masculina (e muitas vezes misógina): uma via de mão única que era — e ainda é — colocada como produção inquestionável, fruto de um conhecimento deliberado e raciocínio metódico e objetivo, impossível de ser corrompido e, portanto, que não deveria ser questionado.

Nem de longe essa ciência "universal" exprimiu a verdade que deveria ter sido apresentada, estudada, investigada e, principalmente, questionada[12]. Pelo contrário. Como ponto de partida, a sistemática patriarcal tomou essa "produção científica" e, por ela endossada, alijou as mulheres ao grupo da natureza. Nele, a mulher foi reduzida à sua capacidade biológica de reprodução.

Outro golpe deliberado e muito bem engendrado pela sistemática patriarcal foi a redução dessa função reprodutiva à subordinação ao gênero que detinha a função produtiva, em contraponto: o homem. Em uma conveniente (ao patriarcado[13]) convergência de fatores, as mulheres, além de serem confinadas aos ambientes e à vida doméstica, ainda foram reduzidas a uma função reprodutiva, no momento em que esta se tornava

---

[12] Não por acaso, a "ciência" androcêntrica elitista e branca defendia (até pouquíssimo tempo) a supremacia da raça branca sobre a raça negra, porque se servia ao fim de hierarquização de raças pela sujeição dos corpos. Essa hierarquização endossada pela "ciência" da época se prestava a uma potente ferramenta no controle e na subordinação da população preta à comunidade branca. Esse crudelíssimo sistema de dominação e submissão racial ao poder hegemônico branco não será aprofundado aqui, mas indico as leituras de Angela Davis (Mulheres, Raça e Classe) e Djamila Ribeiro (Pequeno Manual Antirracista). Às amantes da literatura, indico os livros: Um Defeito de Cor, de Ana Maria Gonçalves; Os Tambores de São Luís, de Josué Montello e Americanah, de Chimamanda Ngozi Adichie.

[13] Para saber mais sobre as delimitações e as implicações do termo, leia o capítulo 6.

absolutamente desvalorizada, como analisa a historiadora Silvia Federici (2018, p. 145)[14].

Essa desvalorização do trabalho reprodutivo das mulheres ocorreu na transição da economia de subsistência feudal para a economia monetarizada (séculos XV e XVI), mas foi impregnada na cultura e sociedade contemporâneas (século XIX), com a "criação da figura da dona de casa em tempo integral" (Frederici, 2018, p. 145). As mulheres foram reduzidas ao estigma de seres dóceis e amorosas, programadas para serem mães zelosas, cuidadoras dos lares e da família, dos familiares em convalescência, dos idosos. Um altruísmo estereotipado e difícil de ser materializado na vida real.

O que é facilmente materializado na vida real são as cobranças. Nós, mulheres, somos submetidas a uma quase infinita lista de cobranças que quase fazem nossa existência perder o sentido, porque existir passa a ser uma preocupação constante de suprir as expectativas dos outros (Viggiano, 2019). Nesse doloroso processo de heteroidentificação (onde somos identificadas e classificadas pelas medidas dos outros e não por nossas próprias), acabamos sendo obrigadas a nos esquecer de nossas essências, obrigadas a cumprir papéis que, de tão irreais, me arrisco a dizer que nenhuma mulher alcance os patamares de "princesa".

Onde podemos existir como mulheres competitivas? Como ácidas, mau-humoradas, gordas, baixas, como mulheres irônicas

---

[14] *"No novo regime monetário, somente a produção-para-o-mercado estava definida como atividade criadora de valor, enquanto a reprodução do trabalhador começou a ser considerada como algo sem valor do ponto de vista econômico e, inclusive, deixou de ser considerada um trabalho. O trabalho reprodutivo continuou sendo pago — embora em valores inferiores — quando era realizado para os senhores ou fora do lar. No entanto, a importância econômica da reprodução da força de trabalho realizada no âmbito doméstico e sua função na acumulação do capital se tornaram invisíveis, sendo mistificadas como uma vocação natural e designadas ao 'trabalho de mulheres'".*

3. A CIÊNCIA COMO FERRAMENTA DE VALIDAÇÃO DE DISCURSOS EXCLUDENTES. FAÇAMOS NOSSAS NOVAS FRONTEIRAS!

e individualistas? Como seres cheios de inseguranças e celulites e com nossos cabelos selvagens, que não se portam como aqueles retratados nos comerciais de televisão? Como lidar com nossas peles que estão longe da realidade de filtros do Instagram, ou dos outdoors espalhados pelas cidades?

Costumo brincar que faço "barba, cabelo e bigode". Expressão antiga, mas utilizo tentando instigar o desconforto do machismo e resignificá-la: para além dos cuidados básicos com as nossas estéticas (tão microscopicamente analisadas pela sociedade), devemos naturalizar nossas existências em ambientes que são tidos como masculinos. Daí faço essa brincadeira alusiva às barbearias que, ao contrário dos salões de beleza, não são catalogados como ambientes fúteis, mas de preparação para a vida pública e, muitas vezes, como a própria vida pública em si, com as discussões políticas e seus diálogos atinentes à vida comum.

Conclamo você para, juntas, invertermos a lógica que nos foi colocada: ocupemos os cafés e restaurantes, as reuniões políticas, as tribunas, os pódios etc. Façamos tudo! Em todos os espaços! Façamos a ousadia de nos definirmos. Sem precisarmos nos ater aos papéis que nos foram historicamente impostos. E, principalmente: façamos ciência! Vamos inaugurar novas fronteiras no conhecimento. Novas fronteiras de interpretação de nossas existências. Uma ciência que não nos exclua, não nos escraviza, não nos anula, não nos restrinja.

É necessário que subvertamos esses papéis que nos foram conformados ao longo dos últimos séculos. Esse remanescente do papel feminino delicado e filantropo para com o outro ainda impera hoje com a comum prática de caridade, que é usualmente promovida por virtuosas mulheres que desejam "mudar o mundo", mas de uma forma que justamente reafirma os padrões que alimentam a invisibilização, a pauperização, a miserabilidade e a dependência econômica de grupos políticos minorizados.

No início deste capítulo, coloquei o poema de Cora Coralina, poetiza goiana que toca direta e contundentemente em minha alma vilaboense, por conta do ensinamento importante para nós, mulheres: a bondade também se aprende. Escolhi o poema intencionalmente para que pensemos sobre a bondade. Não essa bondade de Madona, de Virgem Maria, que é inalcançável, padrão inatingível para a nossa mera mortalidade: mais um padrão que nunca conseguiremos atingir.

Também não falo daquela bondade (que é muito atrelada a esta que acabei de expor), de cuidado com os outros, da caridade altruísta, quase etérea.

Falo da bondade real, aquela da lavadeira de rio, da advogada que se angustia com o cotidiano da Justiça, da médica que chora pela pressão, da doméstica que se sente explorada, daquela estudante que luta com os processos irreversíveis da aprendizagem... falo da bondade real. Da bondade de nos vermos, nos permitirmos, de nos deixarmos existir, de nos aceitarmos, de sermos boas conosco quando olhamos para dentro. Para nós mesmas.

Essa bondade também se aprende. Obrigada, Corinha[15]!

---

[15] Indico o filme documentário Cora Coralina – Todas as Vidas, no link: https://www.youtube.com/watch?v=NBqBVoBT-4I

4

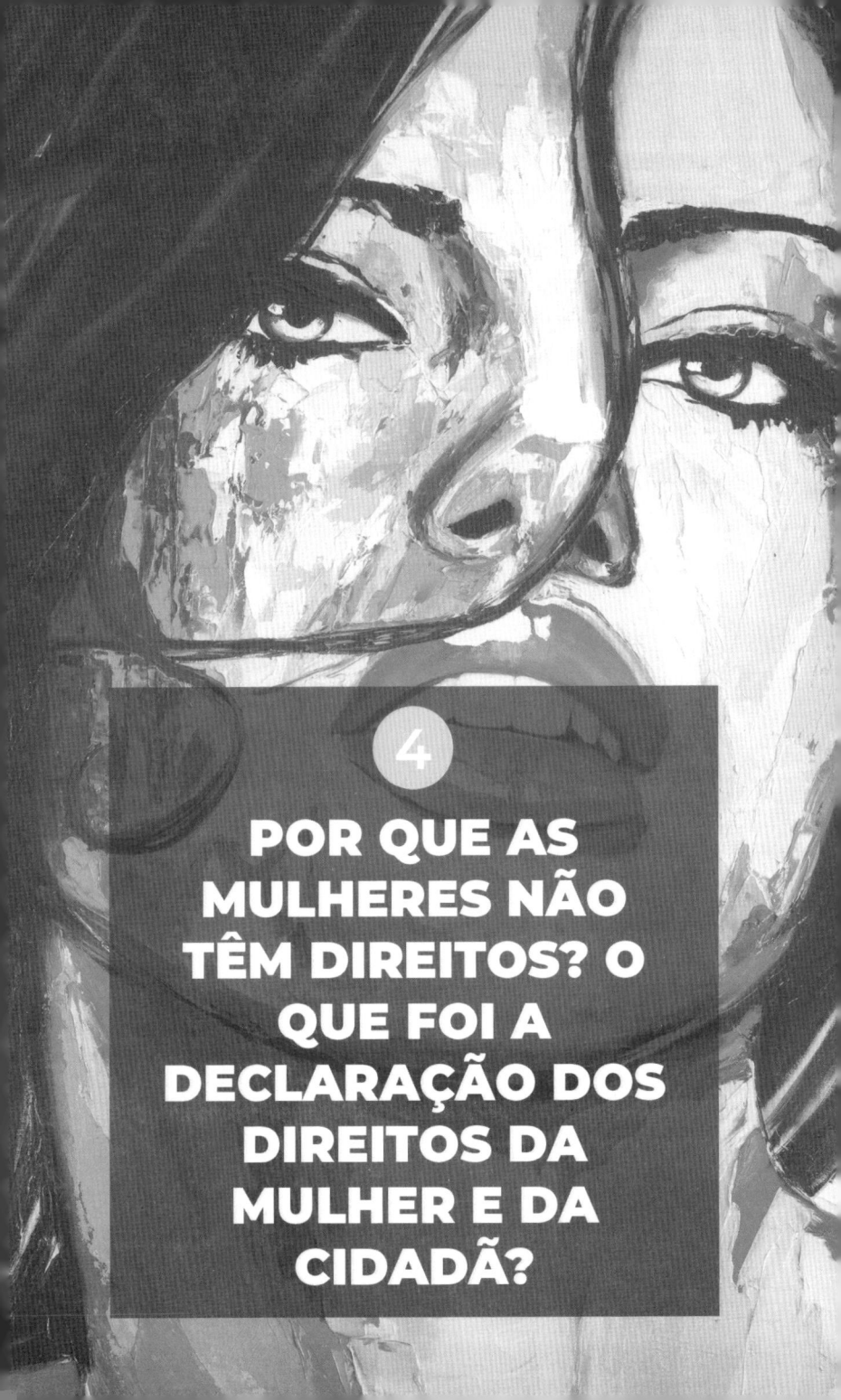

POR QUE AS MULHERES NÃO TÊM DIREITOS? O QUE FOI A DECLARAÇÃO DOS DIREITOS DA MULHER E DA CIDADÃ?

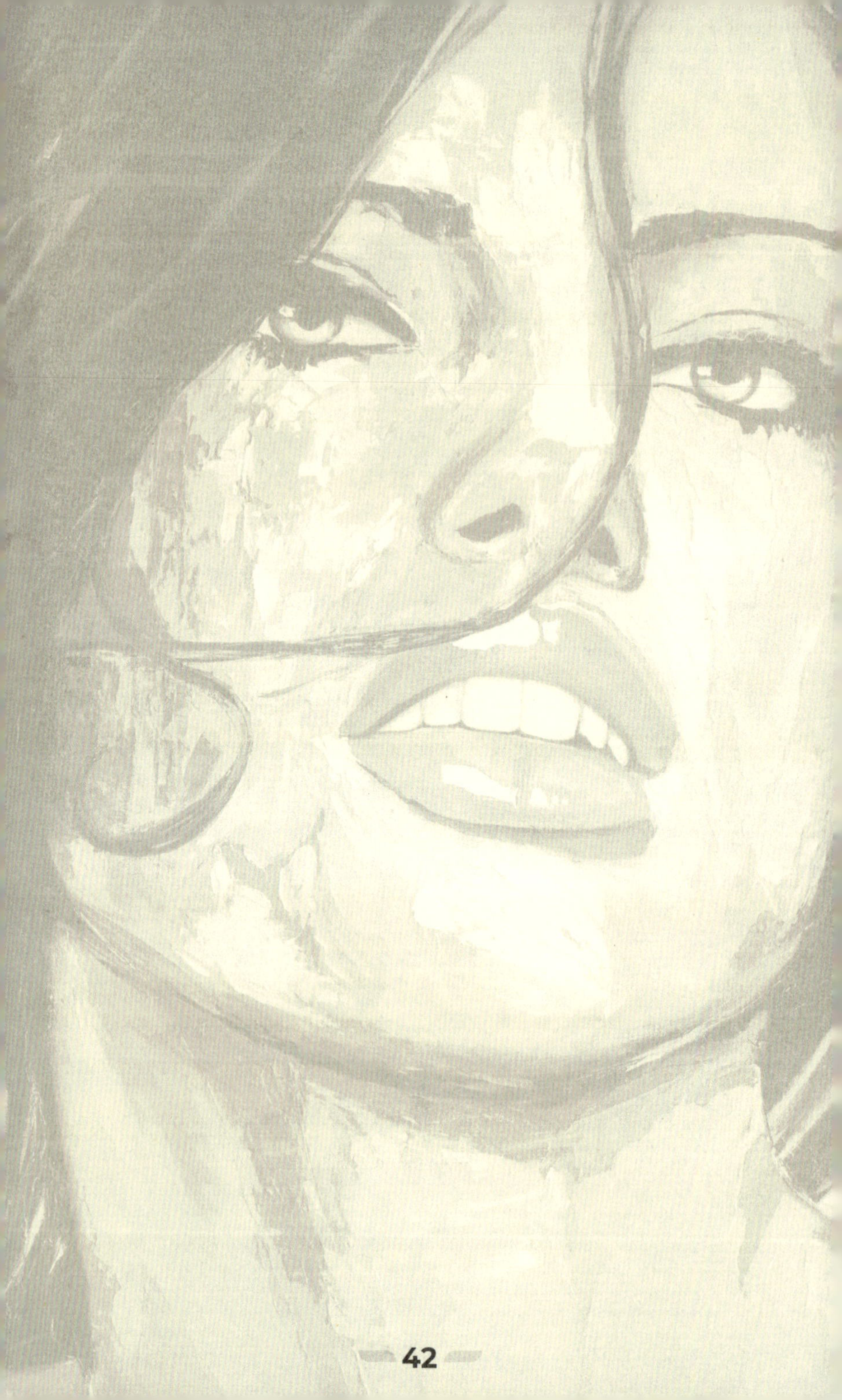

> *Se todos os homens nascem livres, por que todas as mulheres nascem escravas?*
>
> — Mary Astell

Mencionei anteriormente que, durante a buliçosa Revolução Francesa, muitas mulheres uniram esforços, discursos e ações, na intenção de romper esse estigma do papel da mulher confinada ao ambiente doméstico e alijada politicamente.

Aqui, pelos limites naturais de espaço e proposta, falo de apenas três mulheres, mas faço a ressalva de que muitas outras mereciam ter seus nomes reconhecidos[16]: Olympe de Gouges, Mary Wollstonecraft e Sophie de Condorcet. Espero que, trazendo o nome e a memória dessas mulheres, possamos homenagear e reconhecer todas as demais que lutaram — e continuam lutando — pelos direitos das mulheres.

---

[16] Mais uma vez saliento o recorte eurocêntrico: esse recorte se deve unicamente ao enfoque da democracia contemporânea. Mas nem de longe significam a generalização dos esforços de outras mulheres, principalmente as brasileiras, para o rompimento das barreiras masculinas e a efetivação de discursos democráticos em nosso país, desde épocas remotas até as atuais: Dandara, Maria Firmina, Luiza Mahin, Sônia Guajajara, Natércia da Silveira, Bertha Lutz, Adelina Charuteira, Carolina de Jesus, Nísia Floresta, Anita Garibaldi, Leolinda Daltro, Maria Quitéria, Aqualtune, Tereza de Benguela, Nara Baré e tantas outras.

4. POR QUE AS MULHERES NÃO TÊM DIREITOS? O QUE FOI A DECLARAÇÃO DOS DIREITOS DA MULHER E DA CIDADÃ?

Começo por Olympe de Gouges, nome adotado por Marie Gouze. Em 28 de outubro de 1791, apresentou à Assembleia Nacional francesa a Declaração dos Direitos da Mulher e da Cidadã (De Gouges, 1791), documento que redigiu.

Essa girondina engajada[17] se negava a formalizar casamento porque, à época, para que uma mulher pudesse escrever e publicar panfletos (dentre outras ações), necessitava da autorização do esposo. Como era viúva — e fez questão de continuar sendo, mesmo tendo se apaixonado posteriormente — Olympe se lançou na vida pública e participou ativamente de reivindicações de direitos políticos, sendo ferrenha defensora da emancipação das mulheres.

De Gouges era abolicionista e escritora de peças de teatro que questionavam os papéis das mulheres na sociedade francesa da época e, depois da Queda da Bastilha, por meio de sua produção intelectual, passou a denunciar os abusos do Novo Regime, como já tinha feito em relação ao Antigo Regime.

Aos moldes das Declaração dos Direitos do Homem e do Cidadão (de 1789), Olympe de Gouges exigia um tratamento isonômico entre mulheres e homens: reivindicava energicamente a concessão da paridade de direitos já gozados apenas pelos homens. Dentre eles, exigia o acesso das mulheres às instituições públicas, igualdade jurídica e política às mulheres, direito ao voto, direitos sobre propriedades (hereditários), liberdade profissional, direito à integridade física, direito a nomear o pai de uma criança, mesmo fora de um relacionamento.

---

[17]As girondinas, apesar de engrossarem as fileiras de revolucionárias da época, se contrapunham às jacobinas. No geral, eram contra a pena capital, por serem defensoras de direitos humanos irrestritos, aplicados para todos, inclusive aos criminosos. Defendiam a Monarquia Constitucional como forma de governo e, por se oporem ao Estado Republicano, foram contrárias às execuções por decapitação por guilhotina do Rei Louis XVI, de Maria Antonieta e de outros membros da antiga corte. Para as girondinas, não deveria haver distinção social de gênero ou raça, sendo a maioria delas defensoras do abolicionismo.

Aqui, é necessário nos atermos um pouco acerca desse direito de uma mulher, mesmo não sendo casada, de determinar a paternidade da criança gerada. Havia previsão no artigo 11 de sua Declaração: "Toda cidadã pode então dizer livremente: 'Sou a mãe de um filho seu', sem que um preconceito bárbaro a force a esconder a verdade". Essa proteção à mulher foi escandalosa naquela época. Imagine o absurdo, a mulher determinar a paternidade de sua cria apenas indicando quem é o pai?!

Ainda nos dias de hoje, uma mulher que dá à luz uma criança não pode simplesmente registrá-la, indicando o nome do genitor. O artigo 2º da Lei nº 8.560/1992 (que regulamenta "a investigação de paternidade dos filhos havidos fora do casamento"), prevê todo um procedimento que põe à prova a legitimidade da palavra da mulher. Na minha opinião, questões dessa natureza já deveriam estar superadas em nosso ordenamento!

É inimaginável que, nos dias de hoje, a palavra de uma mulher continue não sendo considerada verossímil. Para você ter uma ideia, leitora: no ano de 2015, jornais do Brasil anunciaram como uma vitória a possibilidade de a mãe poder registrar sua criança sem a presença do pai, no Cartório de Registros Públicos (Agência Senado, 2015). Uma notícia deliberadamente incompleta, fruto de uma sociedade ainda extremamente misógina e patriarcal: visto que a mulher somente pode fazer o registro sozinha, sem embaraços, desde que seja casada, ou viva em união estável, e apresente a comprovação dessas condições.

Portanto, a palavra da mulher só é considerada verossímil à realidade se for ajustada aos padrões estabelecidos em uma legislação — e uma sociedade — patriarcal.

Há limitações legais e sistêmicas quando a mulher não deseja fazer constar a paternidade de seu bebê, ou quando a mulher quer indicar o pai da criança (mesmo se não mantiver com ele um relacionamento legitimado pelo Estado): na primeira possibilidade, se a mãe não souber definir a paternidade, ou não quiser fazê-lo, o

4. POR QUE AS MULHERES NÃO TÊM DIREITOS? O QUE FOI A DECLARAÇÃO DOS DIREITOS DA MULHER E DA CIDADÃ?

Oficial de Registro instaura a "averiguação oficiosa"[18], encaminhando-a ao Juiz de Direito.

Nesse caso, o provável desfecho será a propositura de ação de investigação judicial de investigação de paternidade, pelo Ministério Público, ou o arquivamento pelo magistrado. Ocorre que o Estado submete a mulher a um desgaste completamente desnecessário, porque não admite que uma mulher pode decidir individualmente algo de sua esfera pessoal.

Na outra possibilidade, acaso a mãe deseje fazer constar o nome do pai no registro do filho, mesmo sem manter com ele "relacionamento estável" ou casamento, deve indicar dados do suposto pai (nome completo, endereço, profissão e identidade), para que o oficial dos Registros Públicos instaure a mesma "averiguação oficiosa". Veja bem o despautério! Não haverá o registro enquanto o suposto pai não for ouvido e anuir com sua indicação como genitor.

Perceba, leitora: ao homem sempre é dada a presunção de que ele está a dizer a verdade. À mulher, no máximo, em um

---

[18]Art. 2º Em registro de nascimento de menor apenas com a maternidade estabelecida, o oficial remeterá ao juiz certidão integral do registro e o nome e prenome, profissão, identidade e residência do suposto pai, a fim de ser averiguada oficiosamente a procedência da alegação.
§ 1º O juiz, sempre que possível, ouvirá a mãe sobre a paternidade alegada e mandará, em qualquer caso, notificar o suposto pai, independente de seu estado civil, para que se manifeste sobre a paternidade que lhe é atribuída.
§ 2º O juiz, quando entender necessário, determinará que a diligência seja realizada em segredo de justiça.
§ 3º No caso do suposto pai confirmar expressamente a paternidade, será lavrado termo de reconhecimento e remetida certidão ao oficial do registro, para a devida averbação.
§ 4º Se o suposto pai não atender no prazo de trinta dias, a notificação judicial, ou negar a alegada paternidade, o juiz remeterá os autos ao representante do Ministério Público para que intente, havendo elementos suficientes, a ação de investigação de paternidade.
§ 5º Nas hipóteses previstas no § 4o deste artigo, é dispensável o ajuizamento de ação de investigação de paternidade pelo Ministério Público se, após o não comparecimento ou a recusa do suposto pai em assumir a paternidade a ele atribuída, a criança for encaminhada para adoção.
§ 6º A iniciativa conferida ao Ministério Público não impede a quem tenha legítimo interesse de intentar investigação, visando a obter o pretendido reconhecimento da paternidade.

Estado Democrático de Direito, é reconhecido que sua palavra *pode* ser verdadeira. Mas, para isso, será instaurada uma averiguação oficiosa.

Aqui, o vocábulo "oficioso" tanto pode significar gratuito, como também denota a ação do Estado prestando seu serviço oficial. E, em uma terceira acepção, indica que o Estado age suprimindo a vontade da mulher e sobre ela impõe sua decisão, "agindo de ofício".

Mesmo na segunda década do século 21, ainda temos de comemorar o "grande avanço" de uma legislação permitir que uma mãe possa indicar a paternidade de sua filha. A isso, chamo barbárie. Barbárie que seria evitada se o Estado, pela Lei, presumisse ser verdadeira a "procedência da alegação" da mulher (ainda que estabelecesse punição para um eventual engano, acaso fosse comprovada má-fé).

Mas Olympe foi além: quis estabelecer, pela lei, a proibição do "preconceito bárbaro" (como chamou), essa concepção que ainda hoje é um cruel estigma à mulher que tem de criar sozinha seus filhos. Olympe de Gouges exigia que fossem reconhecidos direitos "naturais, inalienáveis e sagrados" às mulheres. A palavra da mulher valeria tanto quanto a de um homem.

Séculos depois da apresentação da Declaração dos Direitos da Mulher e da Cidadã, nos dias de hoje, ainda temos de afirmar e reafirmar nossas convicções e sermos tratadas com desconfiança pela sociedade e pelo Estado. Esses abusos têm de acabar! Esse tratamento dado às mulheres tem de ser repensado!

Volto à Olympe: o documento que intitulou de Declaração dos Direitos da Mulher e da Cidadã foi enviado à Rainha Maria Antonieta, no mesmo momento em que a Constituição foi apresentada ao Rei Louis XVI e tem uma potência tão significativa que inspirou a Declaração Universal dos Direitos Humanos de 1948[19],

---

[19] *A DUDH de 1948 é o documento mais traduzido da história: 500 idiomas.*

4. POR QUE AS MULHERES NÃO TÊM DIREITOS? O QUE FOI A DECLARAÇÃO DOS DIREITOS DA MULHER E DA CIDADÃ?

possibilitando a extinção da relativização absoluta da condição das mulheres ao redor do mundo, visto que estabelece a proteção dos direitos humanos.

Por conta desse atrevimento impávido, Olympe foi guilhotinada poucos dias depois de Maria Antonieta, no dia 03 de novembro de 1793. No dia seguinte ao de sua morte, um informe circulou por Paris dizendo: "Olympe de Gouges, nascida com uma imaginação exaltada, tomou o seu delírio por uma inspiração da natureza: quis ser homem de Estado. Ontem, a lei puniu essa conspiradora, por ter esquecido as virtudes que convêm ao seu sexo".

Olympe de Gouges nos legou o questionamento que — infelizmente — ainda hoje é atual: "Homem, sabes ser justo? É uma mulher que te pergunta: Não quererás tolher o direito. Diz-me quem te deu o soberano poder de oprimir o meu sexo?"

Passo agora a contar brevemente a história de Sophie de Condorcet, Madame ou Marquesa de Condorcet: filha de uma família aristocrata, cuja mãe gozava de fama de intelectual (Marie Fréteau de Pény). Por conta disso, Sophie cresceu com estímulos críticos e filosóficos e desde jovem apresentava uma mente inquieta e curiosa, bem como forte senso de justiça social.

Aos 22 anos de idade se casou com o Marquês de Condorcet, que era 20 anos mais velho que ela, um político, filósofo e matemático. Ao contrário do esperado em casamentos arranjados da época e a despeito dos rumores de que o Marquês fosse excessivamente efeminado, tiveram uma parceria afortunada e intelectualmente intensa. Tão intensa que se engajaram juntos a favor da Revolução.

Seu esposo, Marie Jean, era um deputado girondino e, na impossibilidade de Sophie utilizar a Tribuna para fazer seus discursos libertários em favor de escravos e mulheres — visto ser proibido, à época, às mulheres falarem em público e defenderem seus pontos de vista na Tribuna — seu esposo dava voz pública aos questionamentos que tinham em comum, mas também às ideias que eram de Sophie.

De natureza inquieta e sociável, Sophie abriu um salão de

festas em frente ao Museu do Louvre, para receber entusiastas de suas ideias igualitárias: o voto das mulheres, a laicidade do ensino, a isonomia entre os gêneros, a liberdade profissional das mulheres, a abolição da escravatura etc. Seu salão era frequentado pelos mais destacados artistas, intelectuais, estudiosos e políticos da época, inclusive Olympe de Gouges e Mary Wollstonecraft.

Em 1790, Sophie editou um ensaio intitulado *Sobre a admissão das mulheres no direito da cidade*. No entanto, suas ideias não foram bem recebidas pelos revolucionários, visto que, com a ascensão dos jacobinos no poder, os girondinos passaram a ser perseguidos, já indicando o crudelíssimo momento que estava por vir (chamada de Era do Terror).

Por conta das perseguições e a escalada do discurso radical, Sophie pediu o divórcio de Marie Jean, no intuito de conservar as propriedades da família que estavam em risco de confisco pelo Novo Regime, mas continuou a encontrá-lo secretamente. Ambos continuaram denunciando as atrocidades da Constituição jacobina, que ignorava e violava a visão de mundo girondina de proteção dos direitos humanos e da mulher.

Em 1794, seu esposo, o Marquês de Condorcet, é morto pelos jacobinos, e Sophie enfrenta grandes dificuldades para sustentar a sua filha, a irmã mais nova e a si mesma. Por conta disso, abre uma loja.

Como era fluente em inglês e italiano, Sophie continuou traduzindo textos políticos de sua época. Depois dos anos revolucionários mais atribulados, ainda continua publicando escritos de seu falecido esposo, espalhando a visão de direitos humanos e de isonomia entre os gêneros, que tinham tão apaixonadamente compartilhado. Aqui, suspeito que Sophie também utilizava da velha tática — comum às mulheres até os dias de hoje — de embalar uma ideia sua, como se de seu falecido esposo fosse, para torná-la mais palatável e aceitável aos padrões da época.

Sophie de Condorcet faleceu aos 58 anos, tendo mantido

4. POR QUE AS MULHERES NÃO TÊM DIREITOS? O QUE FOI A DECLARAÇÃO DOS DIREITOS DA MULHER E DA CIDADÃ?

uma profícua produção de publicações e de intensa atuação política na defesa dos valores que lhe eram caros.

Leitora, se você ainda não se encantou pelas extraordinárias mulheres que falei até aqui, prepare para se apaixonar e se inspirar: apresento a você Mary Wollstonecraft!

Rosa Montero (2008) faz uma sensível e essencial observação: Mary Wollstonecraft é conhecida como a mãe de Mary Shelley (escritora de Frankenstein), mas a maternidade foi mais um de seus incríveis feitos!

Mary com seu espírito pioneiro, conseguiu sobreviver e ser reconhecida como escritora, em um tempo no qual mulheres sequer podiam exercem atividade profissional, muito menos serem reconhecidas por isso. Chegou a ser a mulher mais conhecida da Europa de seu tempo. Se parássemos nesse fato, já seria um feito extraordinário!

Mas, muito mais que ser uma escritora profissional reconhecida e independente, Mary delineou as balizas do feminismo moderno com sua obra *Reivindicação dos Direitos da Mulher*, de 1792.

Wollstonecraft travava constantes e intensos embates com os intelectuais de sua época (dedicou muitas linhas a criticar abertamente os despautérios que Rousseau e Pope escreveram sobre as mulheres, por exemplo). Inclusive, enquanto eles estavam defendendo o voto "universal" (nesse caso, para todos os homens, brancos, proprietários de bens), ela defendia esses direitos para as mulheres. A escritora defendia também a abolição da escravatura e a extensão desses mesmo direitos às mulheres e homens que foram escravizados.

Mary escrevia cartas argumentativas para políticos, clérigos e pensadores de sua época discutindo a condição das mulheres e reivindicando direitos. Provocativamente, afirmava que "a virtude só pode florescer entre iguais" e, por isso, advogava a liberdade utilizando uma visão racional dos dogmas religiosos cristãos.

Para mim, Mary é especial, porque ela insistia que não existia diferença cognitiva entre homens e mulheres. Os modos diferentes de ler o mundo se deviam à educação imposta às mulheres: uma educação frívola, dependente do homem, não científica, sentimental demais, dissociada da racionalidade.

Em sua época, a melhor alternativa de vida que uma mulher poderia ter era encontrar um bom casamento. Além do "bom casamento" não sobravam outros modos dignos de existência às mulheres. Constatar essa realidade levou Mary a questionar toda a lógica cultural, econômica e política da sociedade de sua época.

Daí que, com uma educação dessas — voltando as mulheres à mais crua subserviência aos homens — era impossível exigir e desfrutar de comportamentos adequados à vida pública, com as características que essa requeria. Leitora, aqui está o ponto mais importante: para Wollstonecraft, não era a natureza feminina que determinava os comportamentos infantis e dependentes comuns às mulheres da época.

Esses traços eram construídos e alimentados pela maneira de educar à qual as mulheres eram submetidas. Isso sem falar nas que eram submetidas, não a uma "educação", mas à conformação exclusiva dos exaustivos trabalhos domésticos, seja porque eram pobres e tinham de trabalhar, sejam porque não se casaram, não tiveram filhos, sendo o trabalho doméstico o único modo viável de existir. Era pouco. Mary constatou com perspicácia que os direitos das mulheres eram "rebaixados como quiméricos", sempre que convinha aos interesses dos homens[20].

Existir nessas limitadíssimas fronteiras era pouco para Mary. Não só para seus limites pessoais, mas para todas as mulheres. Na mesma carta, escreveu: "proponho a respeito dos direitos da mulher e da educação pública; e o faço com um tom firme de amor à humanidade, porque meus argumentos, senhor, são ditados por um espírito desinteressado – eu advogo por meu sexo, não por mim mesma".

---

[20] Carta enviada a Charles-Maurice de Talleyrand-Périgord, antigo bispo de Autun e político atuante na Revolução Francesa.

Então, Mary Wollstonecraft, há centenas de anos já havia identificado que não era a biologia das mulheres que as fazia agir com infantilidade, emotividade, dependência, fragilidade e pouca racionalidade... Era a educação! Essa era — e ainda é — a chave para a perpetuação das violações de gênero, do lugar menor que a mulher goza na sociedade.

Por isso, Wollstonecraft defendeu que a Revolução Francesa inaugurava um novo tempo, no qual já era "hora de efetuar uma revolução nos modos das mulheres – hora de devolver-lhes a dignidade perdida – e fazê-las, como parte da espécie humana, trabalhar reformando a si mesmas para reformar o mundo" (Wollstonecraft, 2016).

Observe, leitora, que as ideias de Mary não se atinham aos efeitos (opressão, diferenciação e alijamento político das mulheres), mas enfocava as suas causas determinantes de existência: a hegemonia masculina e o como a educação das mulheres se prestava a essa finalidade.

Mary percebeu que, para a libertação da mulher desse sistema peçonhento, seria necessário muito mais que leis iguais que servissem à proteção de mulheres. Era essencial que o sistema educacional público e as percepções culturais tomassem novos referenciais de igualdade entre os gêneros. Era necessária uma reforma profunda.

Em relação a essas percepções de gênero, Chimamanda Ngozi Adichie (2015) acerta ao afirmar que "o problema da questão de gênero é que ela prescreve como devemos ser em vez de reconhecer como somos. Seríamos bem mais felizes, mais livres para sermos quem realmente somos, se não tivéssemos o peso das expectativas de gênero".

As ruidosas atuações de Mary, Olympe, Sophie e de tantas outras resultaram na criação de vários clubes políticos por, pelas e para mulheres, em mais de 50 cidades francesas. A exemplo da França, outros países ao redor do mundo também replicaram essa ousada inovação: a discussão dos direitos das mulheres.

A atuação dessas mulheres demonstra que a reivindicação dos direitos das mulheres é feita, de uma forma ou de outra, há tempos. E também há tempos é questionada a configuração de nossos signos coletivos dos papéis de gênero.

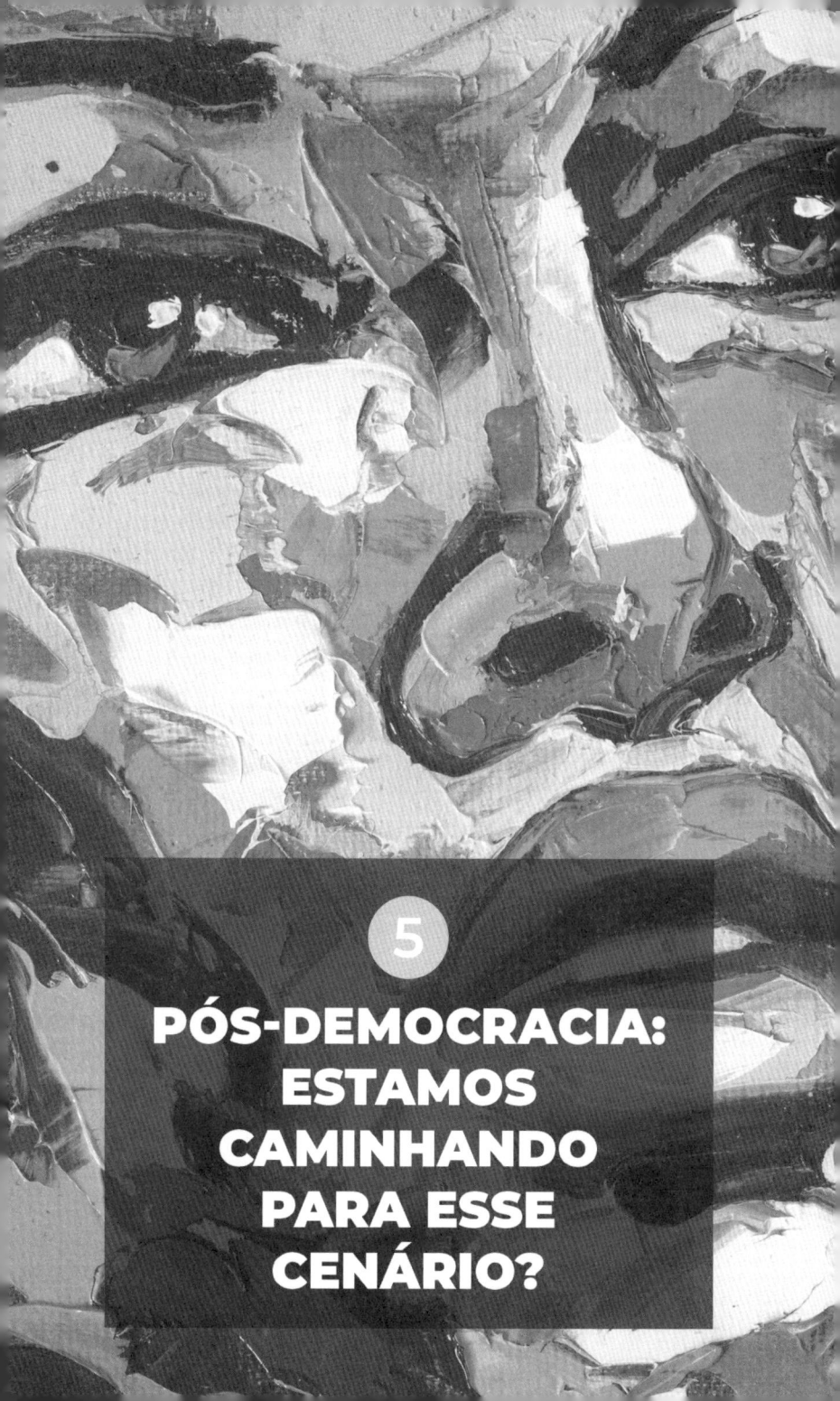

5
PÓS-DEMOCRACIA: ESTAMOS CAMINHANDO PARA ESSE CENÁRIO?

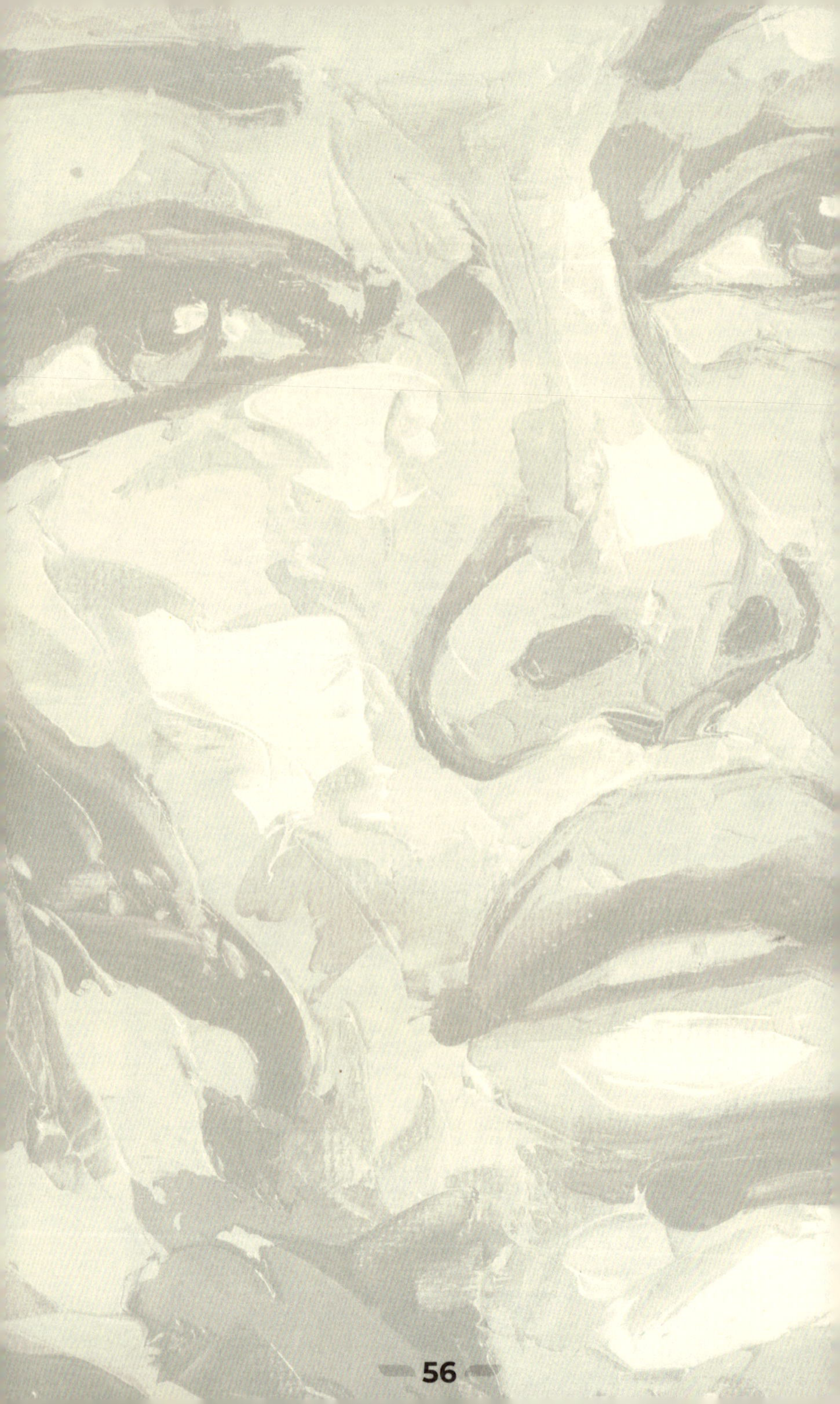

> **O problema do nosso sistema democrático
> é que permite fazer coisas
> nada democráticas democraticamente.**
>
> José Saramago

Você se lembra que, no capítulo 1, falei sobre esse fenômeno que se alastrou como praga nos dias atuais, de extermínio da outra pessoa? É justamente nesse contexto de ódio, extermínio e lógica de privilégios que vamos conhecer e analisar a pós-democracia.

Você já ouviu esse termo? Para explicar sem grande rigor, pós-democracia consiste no desaparecimento de elementos essenciais à própria democracia. Nesse paradoxo, seria mantida uma prática governamental democrática (por via de legitimação do governo eleito pelo povo), mas por outro lado, as próprias ações do Governo eliminam a pessoalidade da cidadania, a interação entre o povo e o Estado e, principalmente, aniquila a relação construída a duras penas entre os próprios cidadãos, fazendo com que as desigualdades e os privilégios sejam reconhecidos e estimulados pelo próprio Estado. Perceba, leitora, que é justamente o oposto do que é almejado pela democracia, ou por Estados Democráticos.

Nesse cenário de pós-democracia, o que se é constatado é um discurso de invalidade da outra pessoa. A outra parte passa a ser exterminada, aniquilada, isolada e silenciada, ao invés de ser representada, ouvida e respeitada, como deveria ser em um espaço democrático.

5. PÓS-DEMOCRACIA: ESTAMOS CAMINHANDO PARA ESSE CENÁRIO?

O diálogo democrático acaba, ficando apenas delimitado a essa cruel dinâmica de redução, de extermínio à adversária, uma vez que a pessoa adversária é uma inimiga. Por óbvio, as outras pessoas não devem ser vistas assim pelo seu próprio Governo... Lembra-se que eu falei que democracia não é o regime que protege simplesmente o consenso da maioria? É isso!

Esses valores se opõem entre si e são incompatíveis, impossíveis de coexistirem juntos: de um lado existe a democracia e o respeito à vida de toda e cada pessoa. De outro, em oposição diametral, a sanha de exterminar o outro ser, de impor uma única visão de mundo, o modo de vida da maioria às demais pessoas.

Essa situação de pós-democracia é ainda mais cruel para as mulheres, para os povos originários, para a população preta e para as demais minorias políticas. Não há surpresas de que os corpos e o modo de vida dessas pessoas são os alvos preferidos dos discursos — e atos — de banimento, de extermínio e de aniquilamento daqueles que adotam a política da destruição.

E não se engane, leitora! Não por acaso, nosso país passa por essa horrorosa escalada de discursos de ódio, de exclusão, de misoginia, de lgbtfobia... enfim, de extermínio ao diferente. Essa escalada reflete muito bem a utilização do cenário democrático para a implementação de uma dimensão não democrática, ou seja: o asqueroso cenário de pós-política.

Há uma troca dos valores culturais, sociais, econômicos e confrontos democráticos, por confronto de valores morais que são inegociáveis, resultando na ausência de coexistência pacífica, na intolerância, no desrespeito de diferentes acepções de vida. Daí que a resistência a essas práticas antidemocráticas de ódio e extermínio, na verdade, consiste na concretização da democracia em si. Por essa razão, a resistência das minorias políticas deve sobreviver a essas investidas autoritárias de eliminação, devendo ser percebida como uma atuação democrática.

Para a cientista política belga Chantal Mouffe (2015, p. 29-30), "devemos desconfiar da atual tendência de exaltar a política do consenso (...) Para funcionar, a democracia exige que haja um choque entre posições políticas democráticas legítimas". E continua com sua lúcida percepção: "Esse confronto deve oferecer formas suficientemente fortes para mobilizar as paixões políticas".

Fiquemos atentas, leitora: Mouffe se refere a um choque, cuja função é a de fomentar uma disputa argumentativa de pontos que se opõem em ambiente democrático — observe que essa é exatamente a lógica da disputa eleitoral.

Já no caso oposto, de aniquilamento da outra pessoa, há a instalação de um perigoso estado mental que é criado na junção de elementos voláteis e altamente inflamáveis: como a junção do neopentecostalismo e da política institucionalizada (fenômeno que é cada dia mais palpável no Brasil), acaba por colocar em risco um valor caríssimo para a cidadã comum (desprovida da suposta preferência divina): sua própria vida e suas maneiras de existir.

É nesse contexto de tensão e sutilezas que a democracia sobrevive: é necessário que tenhamos adversários, mas não inimigos, porque quando temos adversários, argumentamos, dialogamos, ouvimos, refletimos, discordamos... mas quando temos um embate com um inimigo, o objetivo é um só: exterminá-lo.

Não à toa, um dos valores essenciais que sempre é mencionado, quando falamos de democracia, é a alternância. Ora, não faria o menor sentido alternar entre pensamentos iguais! Isso seria uma constância, não uma alternância de poderes, posições e visões políticas diferentes do mundo. Para existir alternância, é essencial que existam formas políticas de identificação que girem em torno de posições democráticas claramente diferenciadas.

Então, para haver alternância, é essencial que haja posições alternadas, ou seja, opostas. Contudo, isso não quer dizer que seja necessário que as posições a se alternarem sejam excludentes entre si (como a ciência *versus* o obscurantismo, por exemplo).

Para haver alternância democrática não é necessário oposição

5. PÓS-DEMOCRACIA: ESTAMOS CAMINHANDO PARA ESSE CENÁRIO?

diametral de grandezas que se excluem, mas sim de visões antagônicas que se complementam na formação de um todo complexo e plural. Sobre isso, Mouffe (2015, p. 29) diz: "esse confronto deve oferecer formas coletivas de identificação suficientemente fortes para mobilizar as paixões políticas. Na ausência dessa configuração adversarial, as paixões não dispõem de uma válvula de escape democrática", obstruindo a dinâmica do pluralismo intentado por um sistema democrático.

Para Mouffe (2015, p. 2), a busca pelo consenso absoluto, "envolve inúmeros riscos políticos. O anseio por um mundo no qual a dicotomia nós/eles estaria superada, está baseado em falsas premissas, e aqueles que compartilham essa visão certamente não compreendem a verdadeira tarefa que a política democrática tem diante de si". É justamente aí que o pluralismo acaba e começa o consenso autoritário que pretende homogeneizar o coletivo. Mas o coletivo não é homogêneo, nem possui um ápice de consenso absoluto.

Particularmente, me agrado muito das palavras de Mouffe porque ela se preocupa em não retirar da política (discussão democrática) as paixões humanas. Enquanto a maioria dos teóricos tenta isolar a política em um ambiente estéril de paixões, Mouffe faz o movimento contrário, porque parte do pressuposto de que pessoas humanas têm paixões.

Por não conseguir conceber uma discussão política insípida, desprovida de pessoalidade e tensões entre interesses opostos, adotei essa visão de democracia adversarial de Chantal Mouffe, no qual o agonismo adversarial[21] é desejável, e o antagonismo simplista é combatido.

---

[21]*Para a autora, agonismo político consiste em um combate contestador, fazendo um exercício — quase esportivo — de opiniões hegemônicas que possam se confrontar. Já os antagonismos são convicções que se distanciam, sendo grandezas cuja natureza é de divergência. Daí que a política plural exercida em um espaço democrático deve insistir em um embate de visões adversariais que se opõem agonisticamente (em exercício atlético, com espírito esportivo). De maneira oposta, quando ocorre a tomada da outra pessoa como diferente e, consequentemente, como inimigo. Essa seria uma acepção antagonizante, para Chantal Mouffe.*

Para ela, "os antagonismos podem assumir diversas formas, e é uma ilusão acreditar que se poderia erradicá-los um dia. É por essa razão que é importante lhes proporcionar uma forma de expressão agonística por meio do sistema democrático pluralista".

Mouffe (2015, p. 29) conclui que, em uma sociedade democrática, "o consenso é necessário, mas ele precisa estar acompanhado do dissenso" e que "consenso e reconciliação não podem ser objetivos centrais da política democrática — a democracia precisa, em realidade, da criação de um espaço vibrante de discussão, marcado por uma perspectiva agonista da política".

Sei que você, leitora, provavelmente foi ensinada (ou absorveu por assimilação) que a necessidade atual é de concordância, convergência e consenso político. Mas tente fazer esse exercício de pensar a democracia como um ambiente plural de dissenso saudável que apresento aqui.

Nesse dissenso saudável é necessária a adoção de discursos específicos e de defesa de interesses. Eis a política! Ocorre que aprendemos desde cedo (quem aqui nunca ouviu que é preciso adotarmos uma "democracia sem partido", ou "nem esquerda, nem direita", ou outras afirmações dessa natureza?) que democracia é concordância e homogeneidade de interesses. No entanto, o que estou a afirmar aqui é que essa é uma percepção equivocada, que acaba nos levando a uma hegemonia, um consenso, uma neutralidade que oprime as minorias políticas e, em poucos passos, implementa o fim da própria democracia.

Sei que essa ideia pode soar estranha, mas convido você a fazer esse exercício de escuta ativa e de crítica atenta aos "discursos democráticos" apresentados como uma panaceia para todo e qualquer conflito que, aparentemente, seja insolucionável.

Proponho, ainda, o exercício de encarar o conflito político com outros olhos, vendo-o como própria "matéria-prima da política democrática" (Mouffe, 2015, p. 29), porque "uma sociedade democrática liberal pluralista não nega a existência dos conflitos, mas fornece as instituições que permitem que eles se expressem de forma adversarial" (Ibidem).

É um exercício de despertar: entender que você faz parte de um conflito democrático e que, nesse conflito, seus interesses estão sendo esmagados pela hegemonia masculina, e que essa hegemonia tem por finalidade aniquilar a própria pluralidade democrática.

Você, leitora, quando conseguir visualizar essa situação com clareza, vai gozar de um sentimento libertador! Mobilize essa consciência e esses sentimentos despertados e faça sua parte na construção da democracia!

Democracia é, por fim, uma prática e um ambiente que valoriza, estimula e permite a existência de minorias políticas, com suas multiplicidades, pluralidades e diferenças.

6

A DOMINAÇÃO MASCULINA, O PATRIARCADO E A POLÍTICA

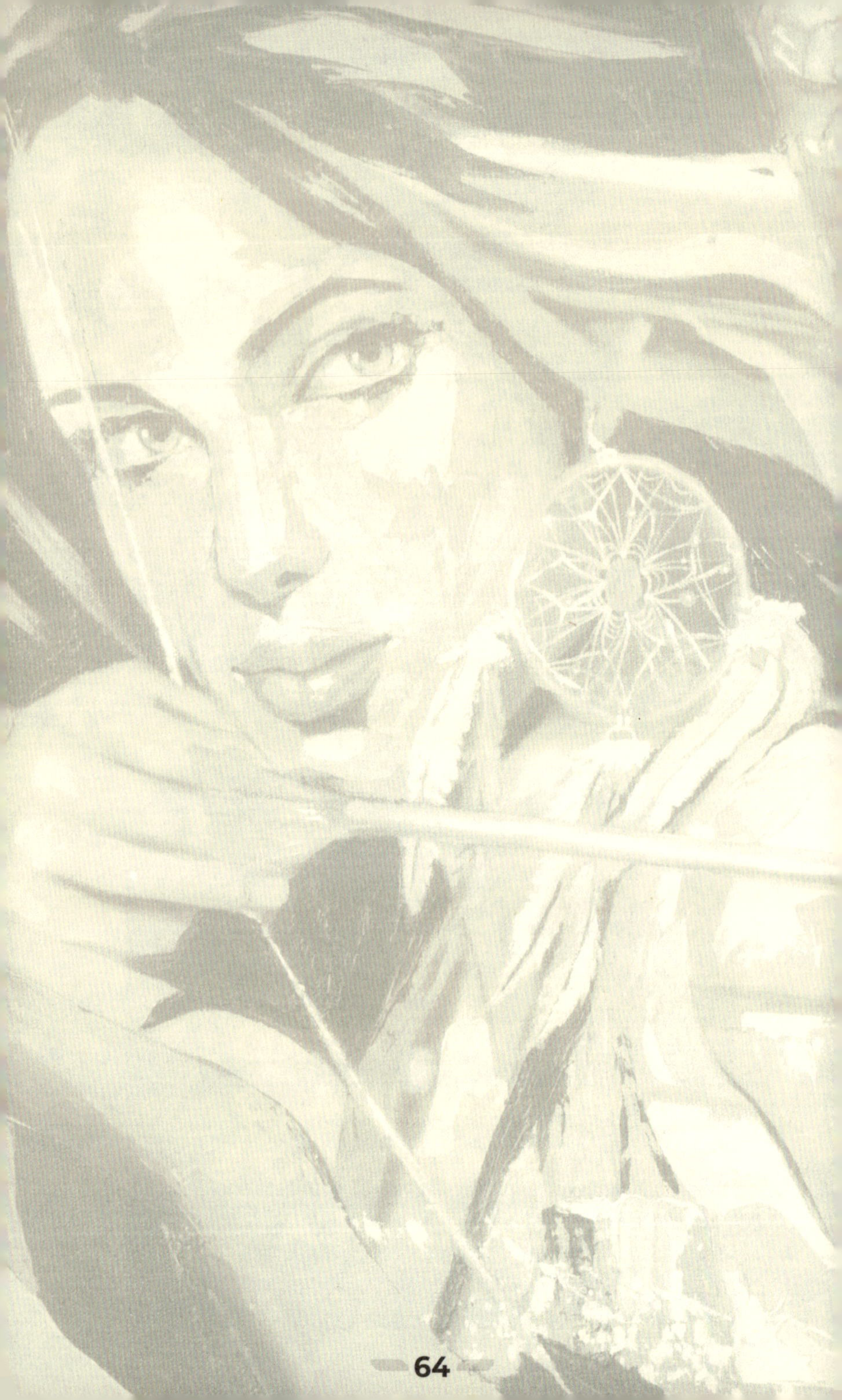

> **A teoria política democrática atual contém a oposição entre homens livres e universais e mulheres naturais e particulares.**
>
> •
>
> Carole Pateman

Leitora, vamos começar pela pergunta básica: o que é patriarcado? Se você pesquisar essa palavra no dicionário, receberá algumas definições frias e sintéticas desse complexo engendramento social, cultural, intelectual, econômico e político. Mas garanto que essa definição já vai indicar um elemento sensível: a medida primeira da exclusão da mulher.

Patriarcado, então, é essa construção longa e constante de que a mulher não apresenta as mesmas ferramentas e as mesmas condições que o homem possui para existir na sociedade. É a subordinação das mulheres (e dos demais personagens na esfera doméstica, como serviçais e filhos, como também já foram antes as pessoas escravizadas) à autoridade do homem.

Então, mesmo naquele mundo separado em esferas, no qual o homem supostamente tem sua razão de existir na esfera pública e a mulher na privada, mesmo na esfera privada, a mulher será submetida à autoridade masculina. Estranho, não?

Então, não é difícil concluir que na sistemática do patriarcado, o pater (o pai, ou o chefe) é a autoridade máxima da família e esta deve obediência à sua superioridade moral, à sua posição social, ao

6. A DOMINAÇÃO MASCULINA, O PATRIARCADO E A POLÍTICA

seu reconhecimento político... enfim, à sua autoridade de controle sobre as decisões daqueles que lhe são relacionados por parentesco.

Nessa relação de patriarcado, sobra bem pouco espaço para a mulher existir. É dessa concepção que deriva a ideia de que as mulheres, por conta de suas incapacidades "naturais" devem ser mantidas alheias de quaisquer decisões importantes e da vida pública, devendo ser confinadas ao ambiente privado/doméstico. Mas também nesse ambiente haverá a sujeição à autoridade masculina.

Então, leitora, você já se questionou: em qual lugar pode uma mulher existir? Que autoridade uma mulher pode ter sobre si mesma e sobre as questões que lhe dizem respeito?

Dentro do patriarcado, restava o lugar de confinamento e de opressão. Todas as formas imagináveis de opressão. Nesse limitado espaço, não vou entrar nas peculiaridades acerca das violências, mas inclua, aqui, todas as formas de violências (físicas, financeiras, psicológicas, emocionais, sociais, políticas...), mas preciso destacar uma violência ante as demais: a violência de impedir que cada mulher defina sua própria medida.

Algumas linhas atrás, mencionei a heteroidentificação (no capítulo 3). A violência de sermos definidas e medidas pela régua do homem. Todas as referências de nossa existência são a partir do homem. Sempre existimos como o outro. E, por sermos o outro, éramos reduzidas não só à insignificância, mas também à despersonalização, desumanização. Aliás, ainda somos. Mas já chegaremos ao contexto atual. Antes disso, voltemos à lenta e gradual "evolução" de acesso às mulheres à condição de humanas, devido às necessidades da sociedade neoliberal.

Acontece que o mundo e as sociedades (principalmente a ocidental) foi mudando, em decorrência das guerras, globalização econômica e cultural, das necessidades de consumo e de mercado, dos avanços das tecnologias de comunicação etc. Com essas mudanças, as mulheres alcançaram novos postos na sociedade, mas continuamos sendo mantidas como pessoas de "segunda classe", ainda limitadas em nossas existências, mas com alguns direitos e garantias individuais assegurados por qualquer sociedade "civilizada".

Pois bem! Nessa sociedade contemporânea, nós, mulheres, passamos a trabalhar, a estudar, direitos nos foram assegurados, já gozamos de certa autonomia, temos escolhas e podemos exercer nossas preferências. Então o patriarcado acabou, certo? Viva! Estouremos o espumante... mas calma, ainda é cedo.

Para quem se engana de que o patriarcado acabou e podemos comemorar... Ledo engano. Engana-se quem pensa estar vivenciando o fim do patriarcado porque, teoricamente, nós, mulheres, começamos a participar de decisões coletivas (ainda que timidamente), já podemos trabalhar "fora", gastarmos nosso dinheiro etc.

É verdade que o patriarcado (ou uma sociedade patriarcal) era/é baseada em um conceito estabelecido de que as mulheres não são inteligentes como os homens, não são suficientemente racionais, não gozavam/gozam de condições morais para serem líderes e, por isso, não podiam/podem ser sujeito de todos os direitos nos universos políticos, acadêmicos, sociais e corporativos. Mas, embora tenha havido uma mudança — não a ignoro — essa base patriarcal não desapareceu. Ela foi adaptada como sistemática de opressão.

Aí que nasce a concepção de dominação masculina: nela, apesar de ser reconhecido que nós mulheres somos sujeito de alguns direitos, percebemos que as regras delineadas para a sociedade — sejam regras reais/materiais (como o sistema jurídico, por exemplo), ou imateriais (como as regras de cultura e os comportamentos sociais) — são construídas a partir das necessidades e da visão dos homens.

Essa conformação de mundo não desapareceu. Toda a sistemática de existência em coletivo continua existindo a *partir das* e *para as* necessidades dos homens. Desde a escolha de onde será colocado um novo ponto de ônibus, à designação do "horário comercial", desde os currículos escolares (privilegiando a lógica individual e competitiva masculina), ao acesso às creches. Ao analisarmos tudo o que existe em nosso "mundo real", conseguiremos verificar o inconfundível toque da dominação masculina e da lógica de exclusão e inferiorização das mulheres.

Daí vivermos em um ciclo: as mulheres estão em desvantagem pela posição e tratamento históricos, essas desvantagens colocam as mulheres em posições mais vulneráveis. Por conta dessa posição vulnerável, as mulheres fazem escolhas que nos mantêm em posições vulneráveis. Assim é na política! E assim é retroalimentado o círculo de exclusão das mulheres das decisões políticas coletivas.

Então não são as escolhas em si que devem ser questionadas, mas a sistemática à qual somos submetidas enquanto grupo de minoria política. Uma máxima da democracia é que aquele submetido ao sistema vigente deve participar da construção de suas regras.

Desse modo, a legitimidade democrática é criada a partir do seguinte raciocínio: uma pessoa submetida a um regramento deve participar da formulação desse regramento. Essa participação pode ser direta ou indireta (elegendo representantes que votem as leis de acordo com diretrizes de interesses de cada pessoa).

Na política, por exemplo, temos o seguinte círculo nefasto: nós, mulheres, fomos historicamente proibidas e alijadas de fazer política (inclusive com leis que nos proibiam de participarmos de discussões públicas, ou de sermos educadas etc.). Não podendo fazer política, as leis produzidas às quais éramos submetidas não levavam em conta nossas necessidades e nos colocavam/colocam em desvantagem sistêmica (menos acesso a educação, lazer, liberdades e riquezas). Justamente por termos menos acesso a educação, lazer, saúde, riquezas e liberdades, não conseguimos nos dedicar à competitividade política (nesse caso, ainda há a discussão do acesso aos financiamentos de campanha, que trataremos adiante). Por termos de fazer a escolha entre dedicar tempo e dinheiro à política, ou a nossas "vidas reais", a maioria de nós escolhe a última opção. Nesse ciclo, a sociedade (seguindo o raciocínio de dominação masculina) interpreta que a mulher não quer participar da política, por escolha.

Em vez de questionar o sistema político, as mulheres são culpabilizadas de suas próprias condições dentro desse sistema. Percebeu o ciclo, leitora? Com isso, as mulheres acabam sendo duplamente vítimas desse sistema de hegemonia e privilégios masculinos.

Eis que o patriarcado foi reinventado, mas não extinto! Somos submetidas a uma dupla penalização.

Daí que diante da dúvida se as mulheres se interessam mesmo por política, uma das opções ficará evidente: ou quem faz esse questionamento quer provocar a reflexão e chegar a esse ponto acerca de todo esse estado de dominação e hegemonia masculinas ilustrado anteriormente; ou está mal-intencionado para manejar o raciocínio de dominação masculina, usando a velha sistemática de hegemonia do homem para obter a resposta de que, não, as mulheres não se interessam por política; ou ainda faz parte de uma parcela ingênua da sociedade que está alheia às sutilezas desse novo patriarcado e desconhece os porquês de a representação das mulheres ser tão pequena no meio político.

Para essa ingrata e hercúlea tarefa de repensar essas sistemáticas de dominação masculina, é preciso a união de esforços e reflexão constantes de todas as partes: da sua parte, da minha e todas as pessoas que se propõem a combater as desigualdades de gênero. É preciso entender o funcionamento, tanto das sutilezas quanto da robustez, da sistemática de dominação masculina. Como ela é, ao mesmo, fenômeno estrutural, coletivo e íntimo, subjetivo e objetivo da nossa sociedade: ferramenta adaptável em sofisticados dispositivos de hegemonia que funcionam como peças azeitadas em um complexo aparelho de macro e microestruturas.

A pesquisadora Renata Leal Conceição Belmonte (2014), em sua tese de doutoramento afirmou que:

> *A teoria da "escolha" feminina como forma de explicar a sub-representação das mulheres em trabalhos tradicionalmente masculinos, assim como em posições de prestígio e poder, preocupa as feministas, pois atribui às próprias mulheres,*

aparentemente de forma democrática, a responsabilidade pelo seu baixo status. As feministas defendem que é preciso, sim, reconhecer a agência feminina, que significa a capacidade de as mulheres escolherem sua própria direção, mas sem negar ou minimizar as dificuldades que estas encontram socialmente e o quanto estas limitam suas decisões.

Daí que, em resposta à espinhosa pergunta feita anteriormente, "o que é patriarcado?", apresento a vocês a Teoria Feminista do Direito, que consiste em uma escola de pensamento que pretende modificar, reconfigurar e repensar estruturas de poder na sociedade. Então, em vez de culpabilizar a mulher por não escolher participar da política, essa escola parte da premissa que as mulheres deveriam gozar do mesmo *status* que os homens. Com isso, a presença das mulheres deveria estar naturalizada nas Chefias dos Poderes Executivo, Legislativo e Judiciário, bem como nos mais altos postos de poder da sociedade.

Diante dessa premissa, a Teoria Feminista do Direito questiona como o sistema político instituído está oprimindo mulheres e impedindo sua participação no ambiente político? Como podemos modificar o funcionamento desse sistema político para incluir mais mulheres? Como seria um sistema político paritário e plural e quais características ele teria? Como podemos alcançá-lo?

Falei sobre a falsa neutralidade da ciência (no capítulo 3), está lembrada? Essa atividade de repensar e reconfigurar as esferas coletivas e a falsa neutralidade de algumas "verdades" que nos são impostas (seja pela ciência, pela cultura, ou pela política...) são assuntos umbilicalmente conectados.

É nesse contexto de questionar o mundo tal qual nos é colocado que a Teoria Feminista do Direito existe, instigando o questionamento a partir da necessidade de articularmos nossas existências de maneira mais desprendida das amarras dos papéis de gênero e das expectativas que nos colocam.

Em nenhum momento devemos ignorar que o Direito (sistemática que oficialmente faz o regramento das normas às quais somos submetidas) possui uma linguagem formalista, abstrata e alterável. Por conter tais características, o Direito é facilmente manipulável pelos interesses dominantes. Domina quem está no poder, e quem está no poder atualmente são os homens. Além disso, o Congresso Nacional produz o Direito.

Em decorrência desses elementos fundantes do Direito, muitas autoras defendem que deveríamos abandonar os objetivos de isonomia formal. Para elas, para alcançarmos a paridade democrática, devemos enfocar as necessidades das pessoas.

Pessoalmente, acredito que não devemos descartar o Direito como instrumento de correção de desigualdades e de regulamentação legitimada de transformações da sociedade. Para isso, devemos fazer uso da inteligência da Teoria Feminista do Direito e modificar, também, os sistemas institucionalizados de poder.

Daí que essa escola coloca o dedo no âmago da questão: para incluirmos mais mulheres nos espaços coletivos de decisão e poder (ou as demais minorias políticas) é necessário entender e questionar como os sistemas de opressão são constituídos e operam em suas próprias lógicas prejudiciais. É imprescindível entender que operam manejando maliciosamente essas "escolhas" e "preferências", causando intencionalmente a impressão de que as mulheres podem escolher entre participar ou não da política. Contudo, na verdade, o dispositivo da política oprime, alija e exclui deliberadamente as mulheres de seu meio — e aqui, leitora, substitua por qualquer dispositivo: doméstico, laboral, cultural etc.

Por esse motivo, o que tem de ser repensado não é o ato isolado de escolha ou de preferência de cada mulher, mas sim toda a sistemática da política e como as mulheres são submetidas a uma escolha/preferência viciada, já contaminada pela exclusão. A professora Martha Chamallas, citada por Renata Belmonte, também atenta para o perigo da substituição desse discurso: se antes as mulheres não eram consideradas suficientemente inteligentes e racionais, para exercerem funções de liderança na política, no mundo corporativo e na academia, também eram consideradas seres de "menor" moral. Por conta disso, as mulheres eram consideradas inaptas para serem líderes nas esferas de discussão e decisão coletivas. Esse discurso segregador foi dando lugar, sendo sutilmente substituído, pelo discurso da "preferência".

Nesse contexto de "preferência", temos de questionar: o quanto fomos limitadas pela falta de estudos, ou pela falta de acesso ao conhecimento? Como teríamos condições, enquanto mulheres, de escolhermos participar plena e ativamente da política se não tínhamos, até pouquíssimo tempo atrás, sequer mesmas condições de acesso ao currículo básico da educação formal?

Vejam que apenas em 1971 a Lei de Diretrizes e Bases da Educação (LDB) atribuiu equivalência entre os cursos secundários entre mulheres e homens. Como uma mulher que aprende durante sua vida escolar que o correto, o preferível, o desejável é bordar perfeitamente alguma peça (ou se sentar com postura "de moça", ou encontrar um bom marido...), como essa mulher vai ter condições de discutir política em um Congresso Nacional? Daí que o que precisa ser repensado não é apenas a liberdade de escolher. É, principalmente, a possibilidade de questionar o sistema educacional formal, que é opressor e desleal com as mulheres.

Posteriormente, seguindo essa linha, é essencial questionarmos o sistema político, o sistema de relações sociais (os empregos, o mundo corporativo), o sistema cultural de divisão de tarefas domésticas (as obrigações de cuidado) e assim por diante...

Então, não devemos cair nessa vala comum e perigosa de reduzirmos as lutas, os conflitos e os anseios femininos apenas às escolhas e às preferências, sob o risco de, ao fazê-lo, estarmos colocando um impedimento intransponível às mulheres acessarem a paridade. E quando afirmo paridade, não me restrinjo à paridade política.

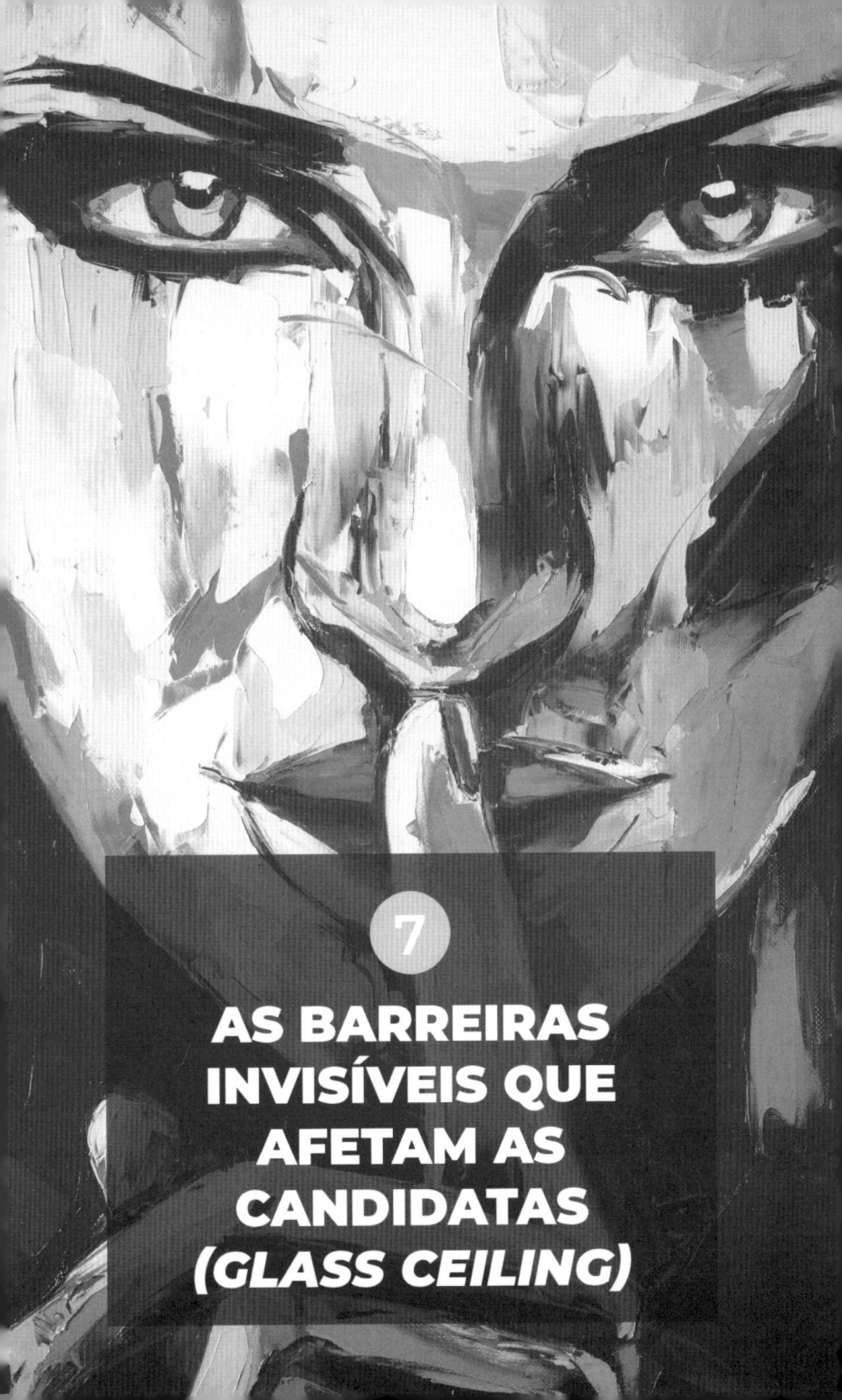

7
AS BARREIRAS INVISÍVEIS QUE AFETAM AS CANDIDATAS (GLASS CEILING)

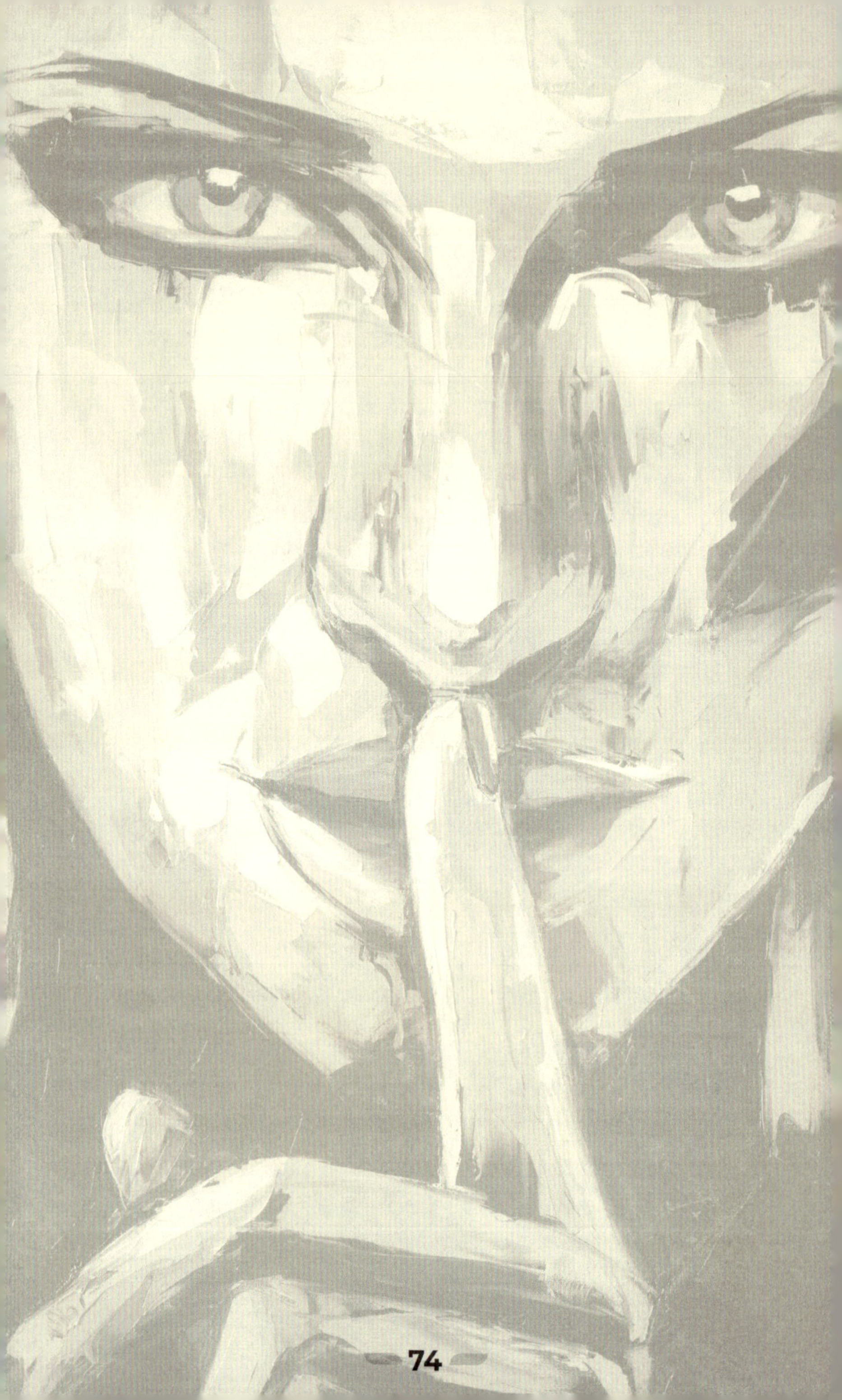

> **A mulher tem o direito de subir ao cadafalso; ela deve igualmente ter o direito de subir à Tribuna.**
>
> •
>
> Olympe de Gouges

Falando em impedimento intransponível, acredito ser pertinente explicar a concepção de *glass ceiling* (Belmonte, 2014)[22]: em tradução literal, seria "teto de vidro". No entanto, a expressão "teto de vidro" possui outra conotação para nós, em português. Então, vou adotar a tradução de barreira invisível.

Glass ceiling consiste em uma metáfora para ilustrar a barreira invisível que impede o acesso de minorias (ou específicos grupos democráticos) a uma posição mais prestigiosa na hierarquia pretendida: como se as mulheres estivessem observando um andar superior de uma construção, mas é como se no final da escada de acesso houvesse uma barreira de vidro. Apesar de ser transparente (e, portanto, quase imperceptível), ela está ali e é intransponível.

As barreiras invisíveis às quais as mulheres são submetidas, falando apenas do universo da política, são das mais diversas e

---

[22] A pesquisadora Renata Belmonte insere a concepção de *glass ceiling* em sua tese, que discute a inclusão de mulheres nas diretorias de grandes empresas do mundo corporativo. Compensa a leitura!

7. AS BARREIRAS INVISÍVEIS QUE AFETAM AS CANDIDATAS *(GLASS CEILING)*

vão desde as mais sutis às mais grosseiras: desde o tratamento de preterição da candidata conferido pelas equipes de campanha em suas estratégias "neutras" de *marketing*, à dificuldade em acessar os fundos de financiamento de campanha, uma vez que os partidos políticos são dirigidos por homens em sua maioria solapante e a definição de para onde vai o dinheiro do partido é feita sem ser levada em consideração as opiniões e necessidades específicas das candidatas.

Nesse particular, é importante ressaltar a seguinte realidade: a quantidade de mulheres no Parlamento brasileiro é diminuta. E isso reflete diretamente nas discussões, decisões e políticas públicas adotas para nossa nação. Além do mais óbvio: impregna de preconceitos e valores androcêntricos e misóginos as leis construídas, com a quase exclusiva cosmovisão de hegemonia e dominação masculina.

Com precisão cirúrgica, Chantal Mouffe (2015, p. 31) afirma que "a sociedade sempre é politicamente instituída; além disso, ela nunca se esquece de que o terreno em que têm lugar as intervenções hegemônicas resulta sempre de práticas hegemônicas anteriores, e que ele nunca é neutro."

Ocorre que, nas últimas eleições gerais de 2018, o número de mulheres no Parlamento brasileiro deu um grande salto e quase dobrou de tamanho! A leitora pode estar pensando: Uau! Esse dado deve ser comemorado!... O índice de eleitas saltou de 7% da Câmara dos Deputados para pouco menos que 15%. Isso significa dizer que de 513 cadeiras na Câmara dos Deputados, temos apenas 76 Deputadas Federais.

Esse aumento de representação também foi percebido no Senado Federal, e o salto representa, atualmente, o exercício de 11 Senadoras da República, de um total de 81 membros (menor que 14%).

Mesmo sendo pequeno o número de mulheres se comparado ao número de parlamentares homens, os índices aumentaram em cerca de 50% na última eleição geral de 2018. Esse aumento se deve a dois motivos: o primeiro é a maior regularidade no cumprimento das cotas de gênero, relativas às candidaturas femininas; e o segundo é o aumento do investimento de recursos financeiros nas campanhas das mulheres.

A legislação infraconstitucional eleitoral exige, desde 2009[23], a reserva de 30% dos registros de candidatura ao sexo oposto. Diante da naturalização da minúscula participação das mulheres na política, essa previsão de reserva de candidaturas passou a ser reconhecida como "cota das mulheres", ou "cota feminina".

Esse apelido de "cota das mulheres" diz muito sobre o imaginário político popular brasileiro: o inconsciente coletivo político continua a identificar as mulheres como minoria política e não consegue conceber a possibilidade de o homem ocupar a menor porcentagem nessa esfera.

Diante dessas informações, você pode estar se perguntando: se a Lei das Eleições (Lei nº 9.504/1997) possui essa previsão de reserva de gênero nas candidaturas, desde o ano de 2009, porque surtiu efeito na ocupação das cadeiras do Congresso Nacional apenas quase uma década depois?

Boa pergunta, leitora! Esse atraso de quase uma década no aumento da representação das mulheres se deve à demora em satisfazer uma exigência antiga das — até então — poucas candidatas que se aventuravam pela política: a demanda por maiores investimentos de recursos em suas campanhas eleitorais, que continuavam irrisórios, quando não eram inexistentes.

Em resposta oposta a esses clamores, no ano de 2015, em evidente reflexo do círculo vicioso da dominação masculina acima

---

[23]*Artigo 10, § 3º, da Lei das Eleições (Lei nº 9.504/1997) que prevê:*
Art. 10 Cada partido ou coligação poderá registrar candidatos para a Câmara dos Deputados, a Câmara Legislativa, as Assembleias Legislativas e as Câmaras Municipais no total de até 150% (cento e cinquenta por cento) do número de lugares a preencher, salvo:
§ 3º . Do número de vagas resultante das regras previstas neste artigo, cada partido ou coligação preencherá o mínimo de 30% (trinta por cento) e o máximo de 70% (setenta por cento) para candidaturas de cada sexo (Redação dada pela Lei nº 12.034, de 2009)

referido, o Congresso Nacional promulgou a previsão[24] de que os gastos com as campanhas das candidatas seriam limitados entre 5% e 15% dos valores totais do fundo partidário destinado ao financiamento de campanhas eleitorais.

Nem de longe a destinação dessa ultrajante limitação, entre 5% e 15% dos recursos eleitorais, atendia aos clamores das candidatas e muito menos auxiliaria a romper a barreira invisível das candidaturas das mulheres.

Em nenhum momento podemos esquecer que campanhas eleitorais custam recursos, e muitos! É impossível fazer campanha eleitoral sem recursos. As migalhas designadas pelos legisladores às campanhas de mulheres de modo algum corrigiam a barreira invisível que era — e ainda é — quase intransponível para as candidatas serem eleitas. Se as campanhas forem analisadas do ponto de vista financeiro, a deslealdade da disputa eleitoral entre homens e mulheres é abissal.

A previsão da Lei das Eleições supramencionada serviu para evidenciar ainda mais a desproporção e desigualdade de tratamento dados pela própria legislação aos gêneros.

No caso, foi necessário que a apreciação e a decisão do Supremo Tribunal Federal na Ação Direta de Inconstitucionalidade nº 5.617[25], entendendo, por maioria de votos (STF, 2018), que se a legislação eleitoral determina 30% de candidaturas de um gênero, esse mesmo gênero deve receber 30% dos recursos eleitorais.

Lentamente, a cultura jurídica e política vai evoluindo... recentemente, no último 19 de maio de 2020, o Tribunal Superior Eleitoral decidiu de forma inédita, na última consulta de relatoria da então presidente da Corte Eleitoral, Ministra Rosa Weber, que a regra 30% de reserva de gênero também deve ser exigida na composição dos

---

[25]http://www.stf.jus.br/portal/peticaoInicial/verPeticaoInicial.asp?base=ADIN&s1=5617&processo=5617

órgãos partidários (comissões executivas e diretórios nacionais, estaduais e municipais dos partidos políticos).

Se você já estava comemorando, aguarde um momento... não é de meu agrado ser estraga-prazeres, mas essa decisão não é de cumprimento obrigatório para os partidos. Não ainda. O TSE entendeu que a obrigação dos órgãos partidários cumprirem com 30% de reserva de gênero não tem efeito de vinculatividade normativa, ou seja: não consiste em um regramento obrigatório a ser observado.

Desse modo, por ora, não será exigido dos partidos políticos que seus órgãos partidários sejam compostos por 30% de mulheres, visto que a decisão não é vinculativa e não tem natureza sancionatória, mas, como bem disse a relatora, Ministra Weber: a decisão indica a correção de "um verdadeiro paradoxo democrático, não sendo crível que a democracia interna dos partidos políticos não reflita a democracia que se busca vivenciar, em última instância, nas próprias bases estatais"[26].

Por não ter força vinculativa e sancionadora, acredito que a decisão não deve ser comemorada com tanto entusiasmo. Contudo, não podemos deixar de reconhecer que prenuncia o rompimento das barreiras invisíveis que são os próprios partidos políticos para o acesso das mulheres à política, uma vez que essa barreira quase intransponível inicia com o *glass ceiling* na composição dos órgãos internos dos partidos políticos. Os partidos continuam sendo espaços de poder essencialmente ocupados por homens em hegemonia desprovida de remorso.

Esse é a apenas um primeiro passo na democratização e no acesso das mulheres aos partidos políticos e a seus órgãos de decisão, mas outras ferramentas devem ser desenvolvidas para permitirem às candidatas a transposição desse e de outros gargalos que nos mantêm alheias a este meio de poder.

---

[26]http://www.tse.jus.br/imprensa/noticias-tse/2020/Maio/tse-entende-ser-aplicavel-reserva-de-genero-para-mulheres-nas-eleicoes-para-orgaos-partidarios

7. AS BARREIRAS INVISÍVEIS QUE AFETAM AS CANDIDATAS *(GLASS CEILING)*

Essa decisão traz esperança porque prenuncia o surgimento de forças de resistência intrapartidárias lideradas por mulheres, que podem ser decisivas à democratização de gênero no âmbito interno dos partidos políticos.

Ainda me apego à esperança e realmente acredito que ela seja necessária, porque o atual cenário brasileiro, de naturalização da hegemonia e da dominação de homens, é desolador: o Brasil figura em terríveis posições no *ranking* mundial de participação política das mulheres, realizado pela ONU Mulheres (2017)[27], com apenas duas ministras nos quadros do Poder Executivo. Assim, o país figura na 167ª posição de um total de 174 países.

Já no *ranking* que avalia a participação das mulheres no Congresso Nacional, nossa nação figura na 154ª posição, do mesmo total de 174 países analisados.

Esse cenário tem de ser transformado. Para essa transformação é essencial que tenhamos em mente: enquanto mulheres, devemos ter consciência de que nossos corpos são os primeiros locais onde o exercício do poder nos é sequestrado. Depois disso, vem — não necessariamente nessa ordem — o estímulo à dispersão dos nossos ajuntamentos, à dissipação da sororidade e da empatia entre nós, ao silenciamento de nossas vozes e à nossa eliminação política.

---

[27]*Segundo a pesquisa realizada pela ONU Mulheres em parceria com a União Interparlamentar (UIP): "A Bulgária, a França e a Nicarágua lideram o ranking mundial das mulheres com cargos ministeriais, com mais de 50% de representantes femininas. Países como Ruanda, Dinamarca e a África do Sul também se destacaram, ficando, respectivamente, em sétima, oitava e nona posições. Já na lista de mulheres atuando no Congresso, Ruanda ocupou o primeiro lugar, com 61,3% de representantes na Câmara e 38,5% no Senado. A Bolívia ficou em segundo lugar e Cuba, em terceiro. De acordo com o "Mapa das Mulheres na Política", o número de mulheres chefes de Estado ou chefes de governo caiu de 19 para 17 desde 2015, e o processo de representação das mulheres no Parlamento continua lento. Regionalmente, o Mapa apontou que a representação feminina nos parlamentos das Américas teve os ganhos mais significativos, aumentando para atuais 25%. Em 2015, o contingente era de 22,4%. No entanto, a região registra uma queda nos cargos de chefes de Estado, com as saídas das presidentes de Brasil e Argentina."*

8

A CONQUISTA DO DIREITO AO VOTO PELAS MULHERES E O PRIMEIRO PARTIDO BRASILEIRO CRIADO POR UMA MULHER

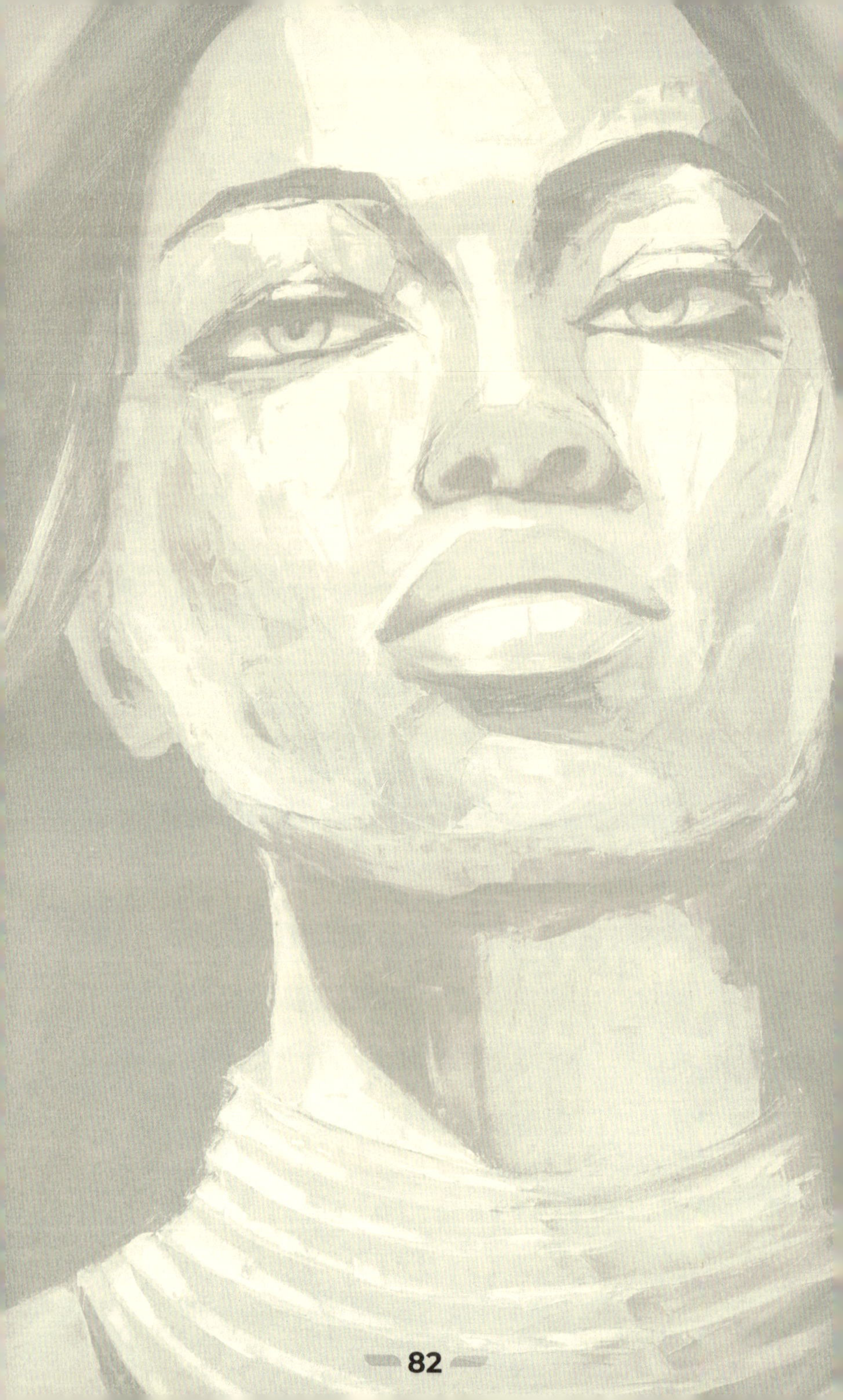

> **A política não se situa no polo oposto ao de nossa vida. Desejamos ou não, ela permeia nossa existência, insinuando-se nos espaços mais íntimos.**
>
> Angela Davis

Apenas na Era Vargas, mais precisamente em 24 de fevereiro de 1932 (Agência Câmara de Notícias, 2012), as mulheres brasileiras conquistaram o direito de votar. Esse direito já tinha sido adquirido em inúmeros países. O primeiro país a assegurar o voto às mulheres foi a Nova Zelândia, em 1893. Não à toa, atualmente esse país é um ícone nas políticas públicas adotadas ao combate da pandemia da Covid-19 (Wittenberg-Cox, 2020) e, não por acaso, é hoje liderado por uma Primeira-Ministra, Jacinda Ardern (Paiva, 2020).

Se a leitora reparar, apesar de parecerem assuntos muitos distantes um do outro (a crise sanitária de um lado e, diametralmente no lado oposto, o exercício de direitos políticos pelas mulheres), eles são assuntos umbilicalmente conectados, porque é justamente esse cerne que estamos a discutir aqui: a participação das mulheres na política reflete-se em todas as decisões da vida coletiva, sedimenta a democracia e cria um contexto de pluralidade. É uma questão, sobretudo, humanitária.

8. A CONQUISTA DO DIREITO AO VOTO PELAS MULHERES E O PRIMEIRO PARTIDO BRASILEIRO CRIADO POR UMA MULHER

Por conseguinte, mais mulheres ocupando espaços de poder, nas chefias e lideranças dos Poderes de um país, significa que essa nação fará escolhas de uma maneira diferente. Essas escolhas serão fruto de uma discussão coletiva diferente, mais inclusiva e plural — e *voilà!* — a esfera pública vai se reconfigurando!

Infelizmente, o Brasil é um país que ainda precisa avançar muito nas pautas de inclusão de gênero e de minorias políticas. Em vez de estarmos no patamar de discutir sobre políticas públicas em si, ainda estamos no patamar de discutir o acesso da mulher à esfera pública. Por conta disso, ainda temos um longo e árduo caminho a percorrer. Para você ter uma ideia, leitora, o direito ao voto foi resultado de uma luta intensa, demorada e penosa, liderada por bravíssimas brasileiras.

A Constituição de 1891, nossa primeira Lei Maior republicana, teve o cuidado cirúrgico na escolha das palavras que previam os direitos políticos: foi escolhida, então, uma linguagem humanitária o suficiente para ser aclamada como um grande avanço e "neutra" o suficiente para que os direitos ali concedidos fossem interpretados naturalmente restringindo seu exercício pelas mulheres.

Nessa Constituição, os "avanços" humanitários democráticos foram materializados na instituição do voto universal, no fim do voto censitário (no qual só podiam votar os homens com rendas/propriedade), na extinção da vitaliciedade dos Senadores, na abolição das instituições monárquicas, na instituição do Presidencialismo, na inviolabilidade das opiniões expressadas pelos mandatários eleitos, no desmembramento da Igreja Católica ao Estado, na consagração do princípio da livre associação e reunião (desde que sem armas), na instituição das garantias da magistratura, na instituição do *habeas corpus* e na extinção de penas degradantes e de morte (como banimento e galés).

No entanto, algumas considerações precisam ser feitas: o voto continuou sendo "a descoberto", ou seja, não secreto, e a "universalidade" alardeada continuou a excluir os mais vulneráveis, como os mendigos, analfabetos[28], os soldados submetidos à hierarquia militar, os religiosos submetidos a voto de obediência e... as mulheres[29]! Sim, as mulheres continuaram sendo naturalmente impedidas do exercício dos direitos políticos.

A sociedade da época ficava horrorizada ao pensar a força política que teriam as mulheres e como poderíamos impor nossas demandas, caso pudéssemos votar. Mas, essa proibição não estava expressa na Constituição de 1891.

Por conta disso, no ano de 1910, uma mulher forte, ousada, inteligente e extraordinária desafiou a calmaria opressora que pairava nos Poderes constituídos: Leolinda Figueiredo Daltro foi a responsável por inserir nos espaços públicos a discussão sobre as minorias políticas e a necessidade do voto das mulheres.

No final do século 19, Leolinda Daltro já incomodava por ser reconhecida como uma subversiva ativista, feminista, professora, escritora, jornalista, editora e indigenista: sua atuação política tem início com a defesa da conservação da cultura indígena: enquanto era comum na época a redução dos povos originários apenas a duas possibilidades (o extermínio ou a catequização cristã dos

---

[28]*Os analfabetos consistiam em mais de 50% da população brasileira da época.*
[29]*Trecho da Constituição de 1891:*
Art. 26. São condições de elegibilidade para o Congresso Nacional:
1º Estar na posse dos direitos de cidadão brasileiro e ser alistavel como eleitor;
2º Para a Camara, ter mais de quatro annos de cidadão brasileiro, e para o Senado mais de seis.
Esta disposição não comprehende os cidadãos a que refere-se o n. 4 do art. 69.
Art. 70. São eleitores os cidadãos maiores de 21 annos, que se alistarem na fórma da lei.
§ 1º Não podem alistar-se eleitores para as eleições federaes, ou para as dos estados:
1º Os mendigos;
2º Os analphabetos;
3º As praças de pret, exceptuados os alumnos das escolas militares de ensino superior;
4º os religiosos de ordens monasticas, companhias, congregações, ou communidades de qualquer denominação, sujeitas a voto de obediencia, regra, ou estatuto, que importe a renuncia da liberdade individual.
§ 2º São inelegiveis os cidadãos não alistaveis.

8. A CONQUISTA DO DIREITO AO VOTO PELAS MULHERES E O PRIMEIRO PARTIDO BRASILEIRO CRIADO POR UMA MULHER

povos indígenas, ambos pela trágica assimilação cultural herdada da colonização portuguesa), Leolinda visualizava uma terceira via: a coexistência e a manutenção da essência da cultura indígena.

Daltro defendia que os indígenas deveriam ser alfabetizados, mas de maneira laica. Pensem que escândalo, uma "desquitada" renegar a Igreja e a Bíblia? Insanidade... Para ela, a educação dos indígenas, além de laica, deveria alterar o mínimo possível de suas tradições, modos de vida, religiosidade e língua nativa. Inclusive, Leolinda pesquisou por anos os povos indígenas no Estado de Goiás.

Essa singular ativista e pesquisadora se tornou a maior autoridade de sua época nos assuntos relacionados aos povos originários. Diante disso, almejava um cargo oficial que a permitisse realizar políticas públicas de educação indigenista (como o título de catequista leiga ou Diretora de Índios[30]). Contudo, mesmo sendo uma autoridade, Leolinda não podia ser nomeada no cargo, única e exclusivamente por ser mulher.

Ao retornar à antiga Capital Federal, de uma longa viagem nos sertões goianos visitando tribos indígenas, Daltro viveu uma experiência que foi decisiva em despertar em si as reivindicações feministas de igualdade e de inserção da mulher na vida pública: em 1902 procurou o Instituto Histórico Brasileiro — IHB, no intuito de criar uma associação civil de amparo aos indígenas. Por ser mulher, Daltro foi impedida de participar pessoalmente da reunião com os sócios do IHB, da reunião que discutiu suas proposituras.

Alguns anos depois, em 1909, Leolinda foi impedida de apresentar seus estudos e propostas para a política oficial referente aos povos originários no Primeiro Congresso Brasileiro de Geografia. O motivo do impedimento: ser mulher.

---

[30]*Essa instituição era um embrião da atual FUNAI — Fundação Nacional do Índio.*

Nestas marcantes ocasiões de exclusão, Leolinda percebeu que as mulheres tinham de romper com a barreira das esferas pública/privada, se quisessem participar das discussões e das decisões coletivas. Leolinda se questionou: como se daria essa participação? E chegou à conclusão que essa participação das mulheres nas questões da vida pública só seria possível através do voto. As mulheres tinham de participar da construção da legislação e ter legitimidade de cobrar dos representantes eleitos, e ambas atitudes só eram possíveis se gozassem do direito ao voto.

Leolinda, então, introduziu em uma sociedade extremamente patriarcal e misógina, a discussão sobre a importância do voto das mulheres, como uma necessidade de ultrapassar a concepção até então sedimentada de o voto ser simbólico e passar a ser instrumento de transformação da sociedade.

Por conta de suas arrojadas ideias, Daltro, juntamente com outras valentes mulheres (como Orsina da Fonseca e Gilka Machado), criaram o Partido Republicano Feminino (PRF), com o intuito de representar e integrar as mulheres no cenário político.

Apesar de a legislação da época vedar a participação das mulheres, em 17 de dezembro de 1910 foi publicado o programa do PRF no Diário Oficial, com várias diretrizes e reivindicações, sendo a principal delas o reconhecimento das mulheres como cidadãs hábeis a concorrer nos pleitos eleitorais.

O Partido Republicano Feminino era composto apenas por mulheres, uma exigência de seu estatuto, mas o apoio à causa, por homens progressistas, era bem-vindo.

Uma importante plataforma de difusão das ideias feministas eram os jornais criados por Daltro, como "A Política" e "A Tribuna Feminina", em junho de 1910 e em 1916, respectivamente, abordando principalmente a educação laica à população indígena e a participação das mulheres na política.

Leolinda era vista com a ambivalência comum e cruel à qual as mulheres eram — e ainda são — submetidas: ou santa, visionária, doce mãe e heroína, ou devassa, herege, louca de pedra e até anticristo. Pela sua insistência na separação entre os assuntos religiosos das políticas públicas, foi apelidada de "mulher do diabo".

Aqui, vale uma ressalva: embora a historiografia seja relutante em reconhecer os nomes de mulheres líderes (lembra da neutralidade?), a mulher mais aclamada no cenário nacional como pioneira na defesa do voto é Bertha Lutz. Acontece que Bertha também deve ser saudada por sua luta e engajamento na causa da emancipação das mulheres. Contudo, a história, o pioneirismo, a vida e a dedicação de Leolinda não devem ser esquecidos. Pelo contrário, acredito que o movimento, o barulho e as grandes lutas travadas por Daltro pavimentaram o caminho para Bertha e tantas outras — inclusive para você e para mim.

Por falar em lutas, é importante que a memória dessas lutas travadas pelas sufragistas e das defensoras dos direitos das mulheres (principalmente das mais radicais), não sejam suavizadas nem esquecidas pelo tempo: essas mulheres fizeram algo de extraordinário e subversivo. Resistiam, com seus próprios corpos, sujeitando-os às mais variadas violências (da física à moral), ocupando ruas, quebrando vitrines, ateando fogo a caixas de correios, a lojas e a prédios públicos, escrevendo artigos, enviando cartas aos jornais, sendo presas e torturadas etc.

Quando é falado em "luta", o caminho mais trivial é pensar, hoje, que essa luta foi figurativa, simbólica, poética. Tenho de concordar que poética é uma palavra que pode descrevê-la. Tudo é poesia — ou deveria sê-lo. Já a figuratividade e o simbolismo, não. As lutas foram confrontos reais, viscerais e, na maior parte delas, com a submissão da parte mais vulnerável (nós mulheres) à opressão masculina.

Apesar das vedações culturais, sociais e legislativas da época, em 1917, Leolinda Daltro iniciou um processo para se qualificar como eleitora, junto ao 4º Distrito da então Capital Federal. No mesmo ano, as feministas sufragistas fizeram um importante aliado no Parlamento: o Deputado Federal Maurício Lacerda (pelo Partido Republicano Fluminense), que propôs a alteração da legislação eleitoral vigente para incluir o alistamento das mulheres e a modificação da comprovação de renda para o alistamento dos homens.

Infelizmente, a proposta foi sumariamente tida como inconstitucional e rejeitada pela Comissão de Constituição e Justiça. Aqui, vou ressaltar que o texto constitucional expresso não vedava em nenhuma linha o alistamento eleitoral das mulheres. Essa foi claramente uma decisão, uma escolha política feita pelos mandatários de cargos eletivos. Daí porque as mulheres têm de estar inseridas nas Casas de representação do povo e do Estado: para tomarem decisões políticas. E para delas não serem alijadas.

Alguns anos depois, em 1919, Leolinda ainda faz mais uma tentativa de se alistar como eleitora. Após a tentativa ser frustrada, em uma manobra ousada e nunca vista, Daltro lança sua candidatura para o cargo eletivo de intendente municipal, da cidade do Rio de Janeiro, pelo 1º Distrito. Apesar de não ter conseguido se eleger, os frutos de sua ousadia são colhidos no mesmo ano, com a nova proposta de inclusão do voto das mulheres apresentada no Senado Federal.

Leolinda continuou sua luta nos anos seguintes, transformando o que pudesse por meio da educação (inclusive fundou escolas profissionais, como a primeira escola das enfermeiras do Brasil) e das discussões. Em 1934, Daltro candidatou-se uma vez mais ao Parlamento, sem obter êxito.

Leolinda Daltro faleceu em um atropelamento, na movimentada XV de Novembro, no Rio de Janeiro, no dia 04 de maio de 1935, aos 75 anos. Em seus últimos anos de vida, quando lembravam de seu nome, a lembrança vinha sempre carregada de incompreensão. Foi fortemente ridicularizada pela imprensa e pela maioria das autoridades da época.

Daltro não se deixou abater pelos preconceitos sofridos, nem pelas alcunhas que recebia e com a hostilidade que era comumente tratada, por uma sociedade misógina e repleta de amarras — algumas ainda não desatadas até os dias de hoje.

Trago aqui a memória de Leolinda Daltro e essas outras reflexões que permeiam a descrição de sua luta, para que tenhamos consciência de que muitas bravas mulheres nos precederam. Que possamos, juntas, honrar em nossas lutas atuais as memórias das que nos precederam!

9

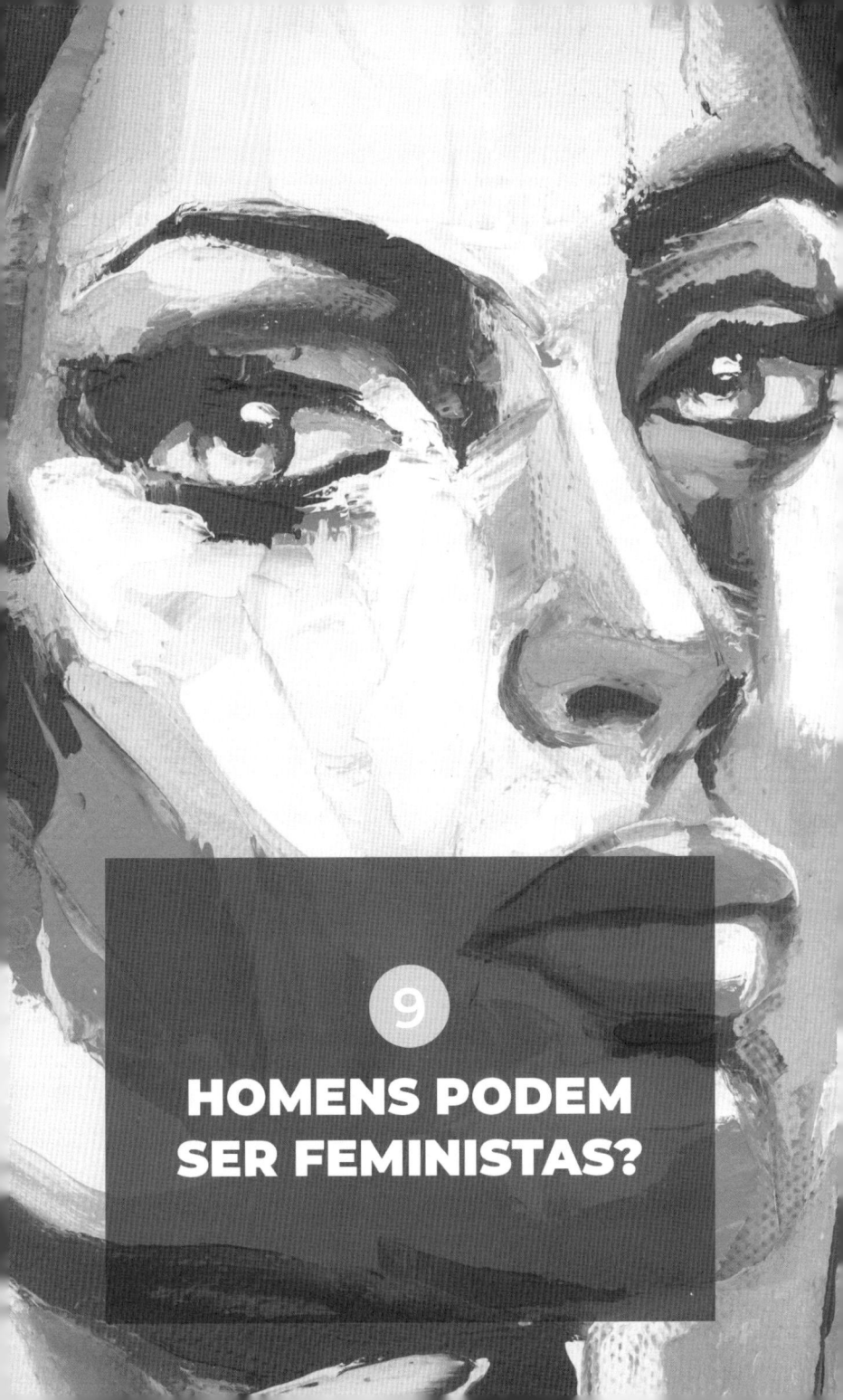

HOMENS PODEM SER FEMINISTAS?

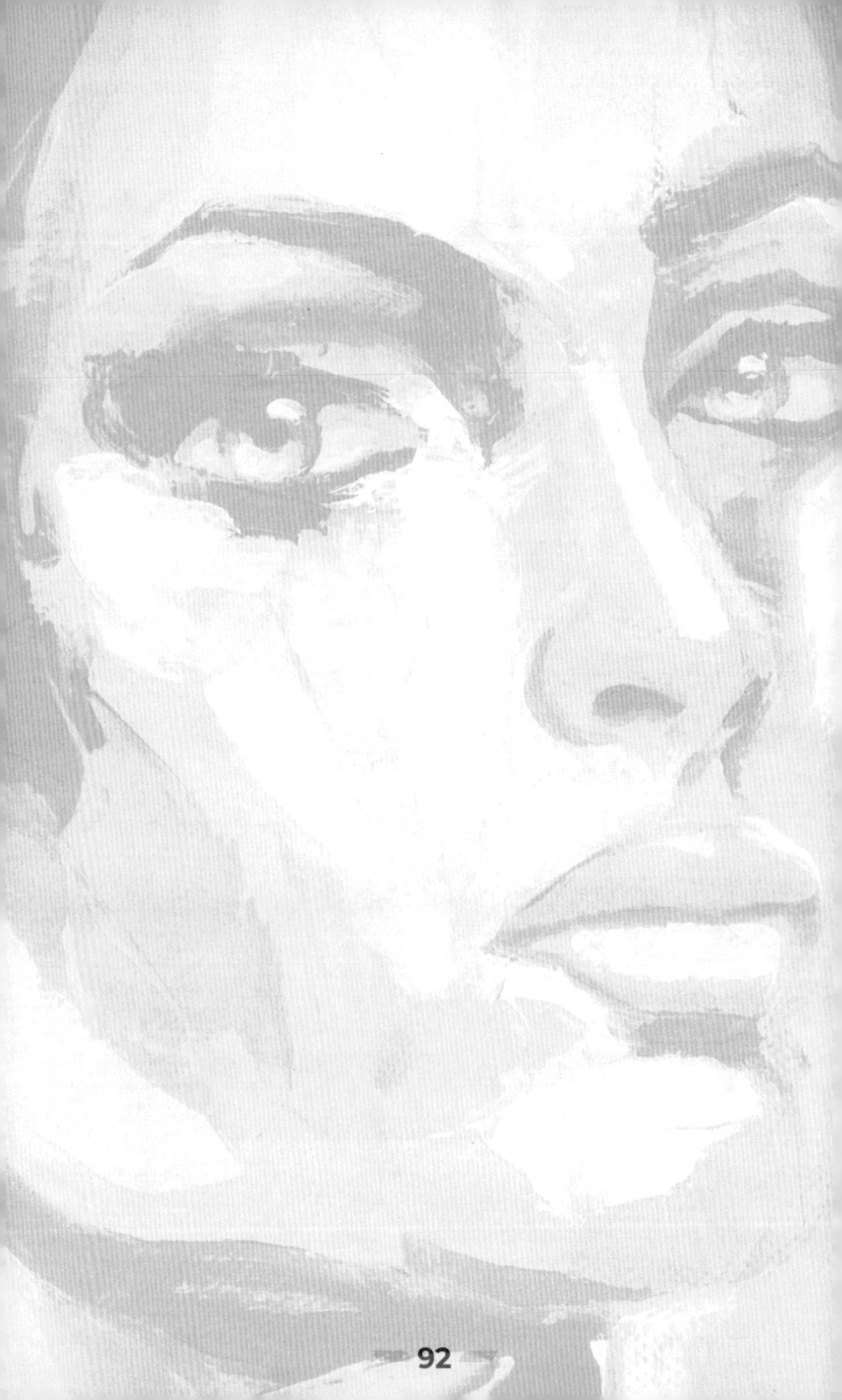

> **Feminista: uma pessoa que acredita na igualdade social, política e econômica entre os sexos.**
>
> Chimamanda Ngozi Adichie

Começo este capítulo com extremo cuidado. E explico o porquê: muitas teóricas e feministas que respeito, admiro muito, leio e absorvo ensinamentos, defendem a ideia de que apenas as mulheres podem ser feministas. Para elas, os homens seriam, no máximo, apoiadores das demandas feministas.

Em minha vida pessoal tenho professoras, amigas, alunas e colegas que respeito muito e que também defendem a impossibilidade de os homens serem feministas, pelo simples fato deles não possuírem útero. Daí que me inquieta a concepção de que o título de feminista só pode ser "vestido" por alguém que tenha útero.

Essa concepção restrita me incomoda muito porque ficam lacunas inexploradas e inexplicadas: e as mulheres transexuais? E as drag queens?... Os exemplos seriam muitos. Mas acredito que você já entendeu meu ponto.

Há alguns anos, me encontrei com a escritora nigeriana Chimamanda Ngozi Adichie (calma, me encontrei virtualmente! Assisti ao seu vídeo no TEDTalks (2013)[31]. O encontro "real" ainda

---

[31] *Discurso que se transformou no livro* Sejamos todos feministas, *que indico a leitura!*
https://www.youtube.com/watch?v=hg3umXU_qWc&t=504s
https://www.youtube.com/watch?v=D9Ihs241zeg

9. HOMENS PODEM SER FEMINISTAS?

é um sonho que não tenho certeza se será concretizado algum dia...) e alguma chave virou, ouvi um clique!

Por conta disso, abri este capítulo com a citação dela que tem me acompanhado desde então. Sua afirmação é que qualquer pessoa pode ser feminista.

O que me agradou na definição de feminista de Chimamanda é a humanidade e o estabelecimento claro das fronteiras de batalha: qualquer pessoa pode ser feminista, desde que acredite na (e lute pela) igualdade social, política e econômica entre os sexos. Música para meus ouvidos!

Nessa definição, não há restrições, nem exclusão, nem regras para ser feminista. Acredita na igualdade entre homens e mulheres? Percebe que o tratamento dado atualmente às mulheres é desigual e injusto? Quer modificar esses cenários atuais de desigualdade econômica, social e política que submetem mulheres de todo o mundo? Pronto. Você é feminista!

Em minhas leituras, como já disse, me deparei com inúmeros argumentos que limitavam o título de feminista apenas às mulheres: o perigo de apropriação oportunista da causa por homens mal-intencionados e os sofrimentos vividos pelas mulheres consistem nos principais deles.

Nessa mesma fala, no TEDTalks, Chimamanda faz questionamentos poderosos: "Por que, então, não questionar essa premissa? Por que o sucesso da mulher ameaça o homem?" (Adichie, 2015, p. 31)

Aqui, Chimamanda faz, no meu ponto de vista, o questionamento filosófico que me fisgou desde a primeira vez que a assisti e ouvi sua poderosa e inconfundível voz: questionar as premissas dessa sistemática opressora é essencial para termos condições de transformá-la: como o mundo foi configurado unicamente dentro da cosmovisão da masculinidade? Por que uma mulher exercendo o poder (ao invés de apenas ser submetido a ele) é uma ameaça direta à masculinidade dos homens?

Poderia aqui, complementar o termo "masculinidade" com o

adjetivo "tóxica", mas não seria fidedigno aos meus pensamentos. Prefiro a definição feita pela professora Valeska Zanello, em uma recente *live* com minha professora Carmem Lúcia Costa (UFG, 2020): estamos em uma sociedade que constrói uma masculinidade doente, misógina. E isso precisa mudar.

Então, voltando à Chimamanda: ela questiona as premissas, os alicerces sobre os quais esse mundo é firmado. Aí nos deparamos novamente com a Teoria Feminista do Direito (discutida no capítulo 5).

A igualdade enunciada por Adichie (2015, p. 19-20) não é a biológica, porque:

> *Homens e mulheres são diferentes. Temos hormônios diferentes, órgãos sexuais diferentes e atributos biológicos diferentes — as mulheres podem ter filhos, os homens não. Os homens têm mais testosterona e em geral são fisicamente mais fortes que as mulheres. Existem mais mulheres do que homens no mundo — 52% da população mundial é feminina —, mas os cargos de poder e prestígio são ocupados pelos homens. A já falecida nigeriana Wangari Maathai, ganhadora do Prêmio Nobel da Paz, se expressou muito bem e em poucas palavras quando disse que quanto mais perto do topo chegamos, menos mulheres encontramos.*

A igualdade que buscamos é outra, e tem mais a ver com a igualdade substantiva[32], com o combate às desigualdades e com a justeza do mundo (por isso chamo de reconfiguração de nosso sistema

---

[32] Segundo o Marco Normativo da ONU Mulheres (p. 13), *igualdade substantiva consiste no "reconhecimento de condições e aspirações diferenciadas para atingir o exercício de iguais direitos e oportunidades. Exige a aplicação de ações específicas que corrijam as discriminações de fato ou desvantagens e removam assimetrias originadas por diferenças, sejam estas de gênero, de idade, étnicas ou outras que produzem efeitos discriminatórios em direitos, benefícios, obrigações e oportunidades, no âmbito privado ou público."*

9. HOMENS PODEM SER FEMINISTAS?

vigente). Para defender esses valores, não acredito que seja necessário ter um útero. É preciso ter um cérebro pensante e um alma cheia de afetos. Qualquer pessoa, em minha opinião, pode tê-los.

Outro ponto importante é que não faz sentido, para mim, uma minoria política (como nós, mulheres) descartar 48% da população na luta feminista. Aliás, descartamos uma porcentagem muito maior, porque dos 52% de mulheres, nem todas são feministas.

Então, qual seria o objetivo dessa estratégia de descartar potenciais pessoas replicadoras, que poderiam se autoidentificar como feministas, e que farão transformações ativas em seus arredores? Nós não precisamos de 100% das pessoas para fazermos uma sociedade realmente livre, justa, plural e solidária? Não precisamos de homens e mulheres para vivermos em uma sociedade segura e inclusiva?

Por conta disso, realmente defendo que homens podem — e devem! — ser feministas.

Em relação às mulheres machistas, que são muitas, acredito que devem ser ensinadas, dissuadidas e acolhidas para que possam também ser vetores da transformação. No entanto, temos de ter cuidado redobrado com mulheres machistas, sobretudo as que alcançam o poder, porque mulheres machistas são usadas para desvalidar e deslegitimar toda a luta feminista.

Basta uma mulher machista afirmar que "temos direitos demais", ou qualquer absurdo dessa natureza, para vermos muitos esforços caírem por terra instantaneamente. Os atores da opressão masculina adoram mulheres que pensam — e propagam — os absurdos da invisibilidade de gênero e naturalizam as desigualdades.

Mulheres machistas ensinam e naturalizam a misoginia. Mulheres machistas conformam homens e mulheres a uma sociedade de privilégios e opressão masculinos, assim como homens também ensinam homens e mulheres a serem machistas.

Gostaria de usar essa mesma lógica para um ensino mais humano: o ensino feminista! Homens e mulheres ensinando outras mulheres e outros homens a serem entusiastas zelosos da igualdade social, econômica e política entre os sexos, sendo vetores de ideias que reconfiguram a cosmovisão de nosso mundo, o exercício do poder entre os gêneros.

Márcia Tiburi (2020, p. 107) identifica que a "equação política continua evidente: de um lado estão as mulheres e a violência doméstica, de outro, estão os homens e o poder público". E continua "enquanto a violência é 'sofrida' pelas mulheres, o poder é 'exercido' pelos homens". Daí que esse sistema de opressão e hegemonia masculina cria uma lógica de privilégios aos homens e de ausência deles às mulheres.

É nesse sistema de privilégios que Tiburi aponta a existência de "vantagens provenientes de posições sociais, políticas, econômicas, de gênero, raciais, etárias" (Idem, p. 108). Inclusive, as mulheres — que não são poucas — que ainda defendem a hegemonia e a opressão masculinas gozam de alguma vantagem desse sistema, ou pensam que gozam.

Por outro lado, embora defenda que tanto mulheres, quanto homens possam ser feministas, temos de estar atentas às ciladas que os mal-intencionados nos pregam. Também devemos redobrar atenção para que nossos discursos feministas não sejam mal versados e distorcidos pelos que estão acostumados a agir com desonestidade intelectual.

Dou um exemplo de uma vivência de uma situação desconfortável: há pouco tempo, recebi um convite para compor uma comissão, para organizar e ministrar um curso exclusivamente voltado para o tema da participação das mulheres na política. Fiquei envaidecida e orgulhosa, porque esse curso seria promovido por uma associação nacional que defende o filão das mulheres nas carreiras jurídicas e é reconhecida por promover eventos acadêmicos de altíssimo nível.

Preparei o projeto, a convite de uma professora que respeito e admiro muito, me reuni com as demais membros da comissão organizadora para finalizarmos os detalhes e aperfeiçoar o projeto apresentado. Tal comissão era composta por seis mulheres altamente qualificadas academicamente, todas profissionais estudiosas e pesquisadoras das questões de gênero em alguma medida. Em maior ou menor grau, todas ali se autoidentificavam feministas.

Ocorre que, no momento de definirmos as palestrantes dos módulos, uma das integrantes defendeu que incluíssemos homens. Ora, veja bem... o curso era realizado por uma associação de mulheres, com o tema da participação das mulheres na política, oferecido para mulheres. Fiquei horrorizada. Atônita!

Argumentei que, em um evento realizado na capital de Goiás, Goiânia, no dia 28 de novembro de 2019, intitulado VI Encontro Nacional de Juristas da Justiça Eleitoral, sabe quantas mulheres faziam parte da composição da mesa na solenidade de abertura? Nenhuma. Mandei uma foto da mesa, composta única e exclusivamente por 13 homens. Na foto, a única mulher avistada é uma copeira negra, servindo uma das autoridades.

Essa foto que tirei fala muito: a única mulher presente está com uma bandeja na mão, servindo a um dos engravatados. Treze homens. Treze autoridades linear e vaidosamente sentados com seus ternos e sorrisos. A maioria dos que fizeram uso da palavra enalteceu o trabalho da então Presidente do TSE, Ministra Rosa Weber. Muitos enalteceram o trabalho das mulheres, inclusive das juristas que compõem os Tribunais Regionais Eleitorais pelo Brasil, mas nenhum criticou a falta de representatividade à mesa. Nenhum fez a ressalva de que deveriam estar ali sentadas várias mulheres dentre aquelas autoridades. Nenhum.

Enviei a foto ao grupo e, em resposta, recebi a mensagem que a composição da mesa era "horrível", assim como "uma mesa só de mulheres seria horrível também". Não acreditei quando li. Para coroar o raciocínio — e defender o convite de homens ministrando o referido curso — a colega concluiu que "não se combate desigualdade com desigualdade". Depois disso, tivemos uma troca intensa de mensagens. Todas respeitosas e de altíssimo nível de discussão... Mas não pude deixar de responder — e perceber — que os discursos feministas de igualdade entre os sexos ainda são maliciosamente utilizados para nos manter "sob controle", nos manter atadas às violências cotidianas que nos colonizam, nos submetem dia após dia e continuam nos distanciando do poder e dos cargos poderosos.

Respondi que as situações não se equivalem[33] e que não, não seria igualmente horrível uma mesa só composta por mulheres. Aliás, costumo afirmar em minhas falas que nossa luta estará cumprida quando naturalizarmos mulheres ocupando 100% de locais de poder (como Parlamentos, Chefias de Executivo, Diretorias de grandes empresas, ícones da intelectualidade e da esfera acadêmica etc.). Todas, todas mulheres. Porque eu desejo uma hegemonia de mulheres? Não. Porque eu desejo ver a mesma naturalização social da ocupação por esses espaços por mulheres. Ou nós não vimos esses espaços naturalmente sendo ocupados exclusivamente por homens?

Então, respondi à colega, nessa ingrata ocasião, que uma mesa composta só por mulheres seria um avanço. Mas, mais avanço ainda seria se o evento não fosse para mulheres sobre mulheres. Mais avanço seria se fosse um evento jurídico comum, de âmbito nacional e que as mulheres compusessem exclusivamente a mesa. Disse, também, que eu concordaria convidar homens para ministrar o curso, desde que não conseguíssemos encontrar mulheres referências em cada área.

E adivinhe, leitora? Sobravam referências de mulheres cânones em suas áreas. E a verdade é que sempre sobram. O que falta mesmo é ter boa vontade e boa lembrança, para fazer-lhes o convite.

---

[33] *Pesquisem sobre a argumentação de falsas equivalências. Esse é um método muito utilizado para nos emboscar em nossos próprios argumentos.*

9. HOMENS PODEM SER FEMINISTAS?

Para quem crê que qualquer pessoa pode ser feminista, acredita que tanto mulheres quanto homens são aptos a combater esse sistema de privilégios e favorecimentos que os homens gozam, para aquelas que também defendem que as mulheres são aptas a administrar o poder, conclamo: precisamos reconfigurar os espaços públicos e as fronteiras do espaço privado.

Já é passada a hora de ocuparmos os espaços de poder e sermos naturalizadas neles.

10
ESTRUTURA POLÍTICA BÁSICA PARA LEIGAS

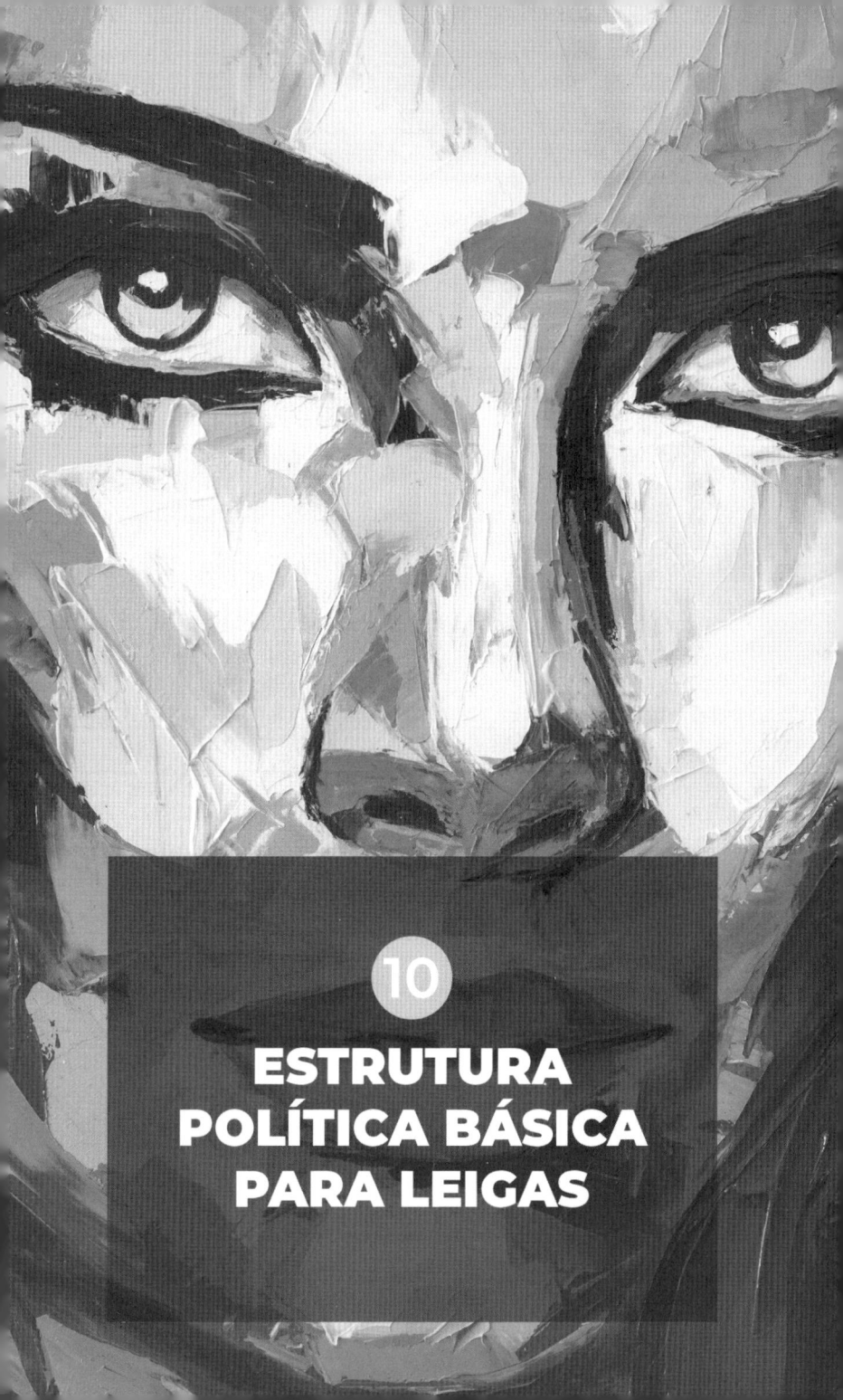

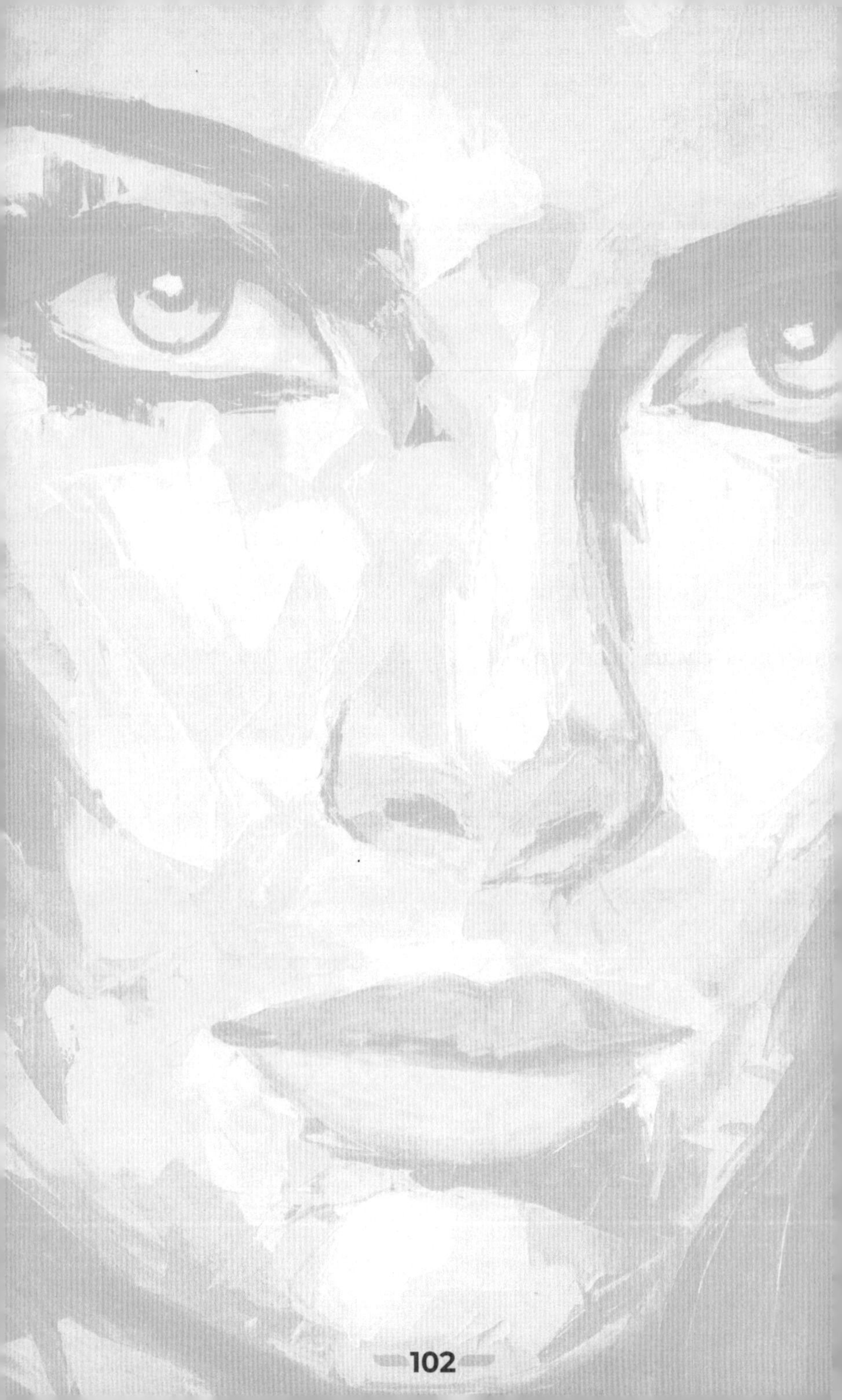

> **É necessário entender de onde vem a violência, quais são suas raízes e quais são os processos sociais, políticos e econômicos que a sustentam para entender que mudança social é necessária.**
>
> Silvia Federici

É essencial que o sistema político brasileiro não seja um mistério, uma incógnita, para suas cidadãs e seus cidadãos. Sendo assim, passo à descrição desse sistema, iniciando pelos Poderes da República, que são três: o Executivo, o Legislativo e o Judiciário. Essa tripartição dos poderes não é uma ideia nova. Aristóteles, Platão, John Locke e Montesquieu já previram uma sistemática onde o poder é repartido em diferentes instituições para otimizar sua aplicação, possibilitando a regulamentação (um pelo outro) e promovendo o equilíbrio entre eles.

Este modelo adota um sistema no qual o Poder é uno, porém exercido separadamente, conforme adotado pelo Governo Revolucionário francês, do Novo Regime, com algumas diferenças pontuais, pelo artigo 16 da Declaração Universal dos Direitos do Homem e do Cidadão.

A separação dos poderes intenta, dentre outros objetivos, evitar a concentração absoluta de poder em uma só pessoa, ou um grupo muito pequeno de pessoas, visto que tal experiência foi traumática para o povo, em um passado recente. Por conta disso, a intenção da divisão dos poderes do Estado é manter a liberdade individual e a igualdade entre todos as cidadãs e cidadãos.

Desse modo, a intenção é resguardar pilares democráticos: a responsabilização do Chefe de Estado (bem como dos demais agentes políticos), a temporariedade nos cargos e a eletividade (a eleição, em regra, dos agentes políticos).

Essa sistemática permite a atuação e exercício dos poderes de forma equilibrada: eis o sistema de freios e contrapesos[34]. A essa divisão do poder é dado o nome de sistema tripartite (por conta da subdivisão em três partes). Essa separação pressupõe uma relação independente, porém harmônica de todos os três Poderes. O regramento maior de nosso sistema jurídico — nossa Constituição da República de 1988 — erigiu à importância máxima essa separação de poderes.

Tanto o é que nossa CRFB/1988 estabeleceu esse princípio como cláusula pétrea, ou seja: a separação dos poderes não pode ser modificada nem mesmo através de emendas constitucionais.

É importante observarmos que as pessoas que compõem os Poderes Executivo e Legislativo são eleitas pela vontade popular, diferentemente das pessoas que integram o Poder Judiciário que, para compor esse Poder, necessitam de aprovação em concurso público.

A partir desse panorama básico, sigamos na esquematização de cada Poder da República. Dito isso, preciso enfatizar que o Brasil tem como forma de governo a República, que é liderada, em grau maior, por um(a) Presidente da República. Mas o Brasil não é só uma República, como também é uma República Federativa, que significa dizer que nosso território nacional é dividido em Estados-membros e Distrito Federal.

---

[34] É comum a doutrina jurídica chamar, nos moldes norte-americanos, de *checks and balances: a sistemática de um poder conter o outro, com a finalidade de evitar abusos e excessos por quaisquer um deles. Daí que cada Poder possui atribuições típicas e atípicas, de modo a permitir a fiscalização e a responsabilização recíproca entre eles.*

Cada Estado-membro e também o Distrito Federal possui governo próprio e goza de uma certa autonomia. Governadores lideram essas unidades menores, nas quais o território nacional é subdividido.

Podemos pensar em uma escada: por estarmos em um sistema de governo presidencialista[35] em seu topo figurativo, está a(o) Presidente, exercendo seu poder em todo território nacional e representando o país internacionalmente. Os norte-americanos costumam chamar essa liderança como *commander-in-chief*[36].

A(o) Presidente será eleita(o) para um mandato de quatro anos e poderá se reeleger por uma única vez consecutiva. É importante observar, leitora: atualmente, quando se vota na pessoa que concorre à Presidência, o voto é automaticamente dado à pessoa que concorre à Vice-Presidência, que é a sucessora presidencial automática, nos casos de morte, renúncia ou destituição do cargo por processo de *impeachment*. Essa mesma lógica é aplicada nas demais esferas do Poder Executivo (Estadual e Municipal).

Para a leitora ter uma ideia do quanto a Vice-Presidência é importante: ao longo da recente história pós-monárquica de nossa nação, de 38 Presidentes, 8 Vice-Presidentes já assumiram a Chefia da República[37]!

---

[35]*Diferentemente do Brasil, alguns países adotam o sistema de governo parlamentarista. Nesse caso, há menor concentração de poder nas mãos da(o) Presidente/Monarca/Chefe de Estado, uma vez que essa Chefia não tomará decisões políticas do Estado, apenas o representa. Estas decisões políticas serão tomadas com o intuito de governar o Estado. Por isso, o sistema parlamentarista permite maior concentração de poder de decisão no parlamento. Nesse caso, o parlamento elege um representante para tomar essas decisões (Chefe de Governo). Exemplos de países parlamentaristas: Canadá, Inglaterra, Alemanha, Cabo Verde, Botsuana, África do Sul, Etiópia, entre outros.*

[36]*Também nominado de supreme commander, é o Chefe de Estado que, além de presidir a nação, também está no comando das Forças Armadas, que é o braço armado do Estado.*

[37]*Coloco em ordem, do mais recente Vice-Presidente que assumiu a Presidência, para mais remoto: 1. Michel Temer; 2. Itamar Franco; 3. José Sarney; 4. Café Filho; 5. João Goulart (Jango); 6. Delfim Moreira; 7. Nilo Peçanha e 8. Floriano Peixoto.*

No degrau seguinte estão as(os) Governadoras(es) dos Estados e do Distrito Federal. Tal qual a Presidência, a eleição para a Governadoria dos Estados-membros também automaticamente elege a(o) Vice-Governador(a).

Nos degraus ainda mais adiante, estão as(os) Prefeitas(os) Municipais (igualmente acompanhadas(os) das(os) Vice-Prefeitas(os).

É importante lembrar que existe uma equipe que está diretamente subordinada à(ao) Presidente da República. Essa equipe existe para auxiliar a(o) Presidente na tomada de decisão e tem por objetivo concretizar políticas estratégicas em âmbito nacional. São chamados de Ministras(os) do Estado Brasileiro.

Nesse ponto, faço um rápido parênteses: observe, leitora, que tanto a nação pode ser chamada de Estado, como também as unidades federativas. Para diferenciá-las, quando estiver falando sobre a equipe de auxílio da Presidência da República, chamarei de Estado. Quando estiver falando das unidades da Federação, chamarei de Estado-membro. No entanto, como é comum em nossa língua portuguesa — uma mesma palavra pode servir para a designação de diferentes institutos — por conta disso, fique atenta aos complementos que acompanham a palavra "Estado". Assim, saberá identificar se a referência é feita ao país ou às unidades da Federação.

Fechado o parênteses, continuo: as(os) Ministras(os) de Estado auxiliam na concretização das políticas adotadas em âmbito nacional e, ainda, realizam a orientação, coordenação e supervisão da administração federal. Então, em síntese, essa é a estrutura básica do Poder Executivo Federal: a(o) Presidente e sua equipe de Ministras(os) de Estado.

Para que essa sistemática seja melhor compreendida, dentro dos demais entes da federação (Estados-membros e Municípios) sugiro à leitora que trace um paralelo: em geral, as instituições que existirem no âmbito nacional também existirão no âmbito estadual e municipal (mas pode haver alguma peculiaridade que será explicada a seguir). A isso é dado o nome de princípio da simetria, porque segue uma relação simétrica, de paralelismo com o estabelecido pela Constituição da República, aplicada às esferas próprias de cada Estado-membro, do Distrito Federal e dos Municípios.

Por conta dessa simetria, ou desse paralelo com a Administração Federal, teremos: as(os) Governadoras(es) dos Estados-Membros e do Distrito Federal serão auxiliadas(os) pelas(os) Secretárias(os) de Estado. Cada Secretária(o), da mesma maneira que as(os) Ministras(os), terão uma expertise de atuação em uma determinada área: assim, temos Secretária(o) de Saúde, de Segurança Pública, de Educação, do Esporte etc.

Seguindo o mesmo paralelo, passo agora à estrutura municipal: a(o) Prefeita(o) Municipal será auxiliada(o) pelas(os) Secretárias(os) Municipais, que também exercerão a chefia da administração municipal.

As pessoas candidatas aos cargos de Chefia do Poder Executivo serão eleitas pelo sistema majoritário. Assim, basta que as(os) candidatas(os) alcancem a metade dos votos válidos, mais um[38].

Então, foram traçadas aqui as linhas básicas do Poder Executivo nas esferas federal, estadual e municipal. Leitora, você reparou que a estrutura se repete nos degraus da escada do Poder Executivo, com poucas modificações? Agora, você pode estar se perguntando: e os outros Poderes? Eles também são estruturados como uma escada?

Se você pensou nesses questionamentos, parabéns! Porque já conseguiu entender a disposição abstrata dessas estruturas que são essenciais no funcionamento de nossa República. Então, sigamos em frente: vimos a estruturação de um dos poderes: do Poder Executivo, cuja função típica é administrar, governar a nação, executando as políticas públicas de âmbito nacional, políticas

---

[38]*Para saber mais sobre votos válidos, nulos e brancos, acesse o material complementar pelo site www.matrioskaeditora.com.br.*

essas previstas nas leis e, principalmente, delineadas na Constituição da República.

Então, passemos agora ao do Poder Legislativo. É extremamente importante que você, leitora (principalmente se for candidata), domine as linhas gerais, o porquê de existir e as principais funções deste Poder nas diferentes esferas. Isso porque, nos termos de nossa CRFB/1988[39], sua função é a de criar e aprovar leis (legislar), bem como de fiscalizar e controlar os atos do Poder Executivo.

Pois bem! O Poder Legislativo, na esfera federal e, neste âmbito, é bicameral. Isso significa que o Legislativo brasileiro é composto por duas casas legislativas. A primeira é a Câmara dos Deputados — representando o povo, com o número de 513 cadeiras — e a segunda, o Senado Federal, com 81 assentos — representando os Estados-membros e o Distrito Federal.

Cada Deputada(o) Federal possui um mandato de quatro anos. Então, a sua legislatura corresponde a quatro anos de mandato. A cada eleição geral, são renovadas ou reconduzidas ao cargo todas as(os) Deputadas(o) Federais.

Para o cargo de Deputada(o) Federal é permitida a reeleição sem limites, assim como aos assentos do Senado Federal.

A diferença é que o mandato ao cargo de Senador(a) da República é de oito anos, ou seja: de duas legislaturas. A nossa Constituição estabelece a eleição de três Senadoras(es) para cada Estado-membro e o DF.

Então, você, leitora atenta que é, deve já estar aplicando o princípio da simetria ao Poder Legislativo e concluindo que também

---

[39]Art. 49. É da competência exclusiva do Congresso Nacional:
V - sustar os atos normativos do Poder Executivo que exorbitem do poder regulamentar ou dos limites de delegação legislativa;
X - fiscalizar e controlar, diretamente, ou por qualquer de suas Casas, os atos do Poder Executivo, incluídos os da administração indireta;
XI - zelar pela preservação de sua competência legislativa em face da atribuição normativa dos outros Poderes;
XVI - autorizar, em terras indígenas, a exploração e o aproveitamento de recursos hídricos e a pesquisa e lavra de riquezas minerais;

nas esferas estadual e municipal existirão duas câmeras. Mas não se precipite! Esse é um erro comum... Na verdade, o Poder Legislativo dos Estados-membros, do Distrito Federal e dos Municípios é do tipo unicameral. Lembra-se que eu mencionei algumas peculiaridades? Justamente! Essa é uma delas.

Então, nos Estados-membros o Poder Legislativo é exercido pela Assembleia Legislativa. Não sei se a leitora sabe: sou goiana "do pé rachado"! Essa é uma expressão comum para identificar uma pessoa nascida e criada no Estado de Goiás. Tenho muito orgulho de minha terra, mas esse orgulho não me impede de fazer severas críticas a nossa composição política.

Aqui, a Assembleia Legislativa possui 41 membros e, dentre eles, atualmente apenas duas mulheres eleitas[40]: a Deputada Estadual Adriana Accorsi (PT) e Lêda Borges (PSDB). Não por acaso, Goiás é um Estado reconhecido por sua cultura agrária extrativista, cultura essa que também alimenta um grande abismo na desigualdade social e econômica e, ainda, tem suas bases arraigadas em conceitos masculinos e provincianos.

A porcentagem de ocupação de mulheres na atual composição da Assembleia Legislativa de Goiás (ALEGO) é de menos de 5%! Esse número é aviltante. Temos muito a melhorar! E isso inclui, inexoravelmente, eleger mais mulheres para a nossa Assembleia Legislativa.

Mas se a leitora achou que outros Estados são muito diferentes de Goiás, enganou-se. Infelizmente, a sub-representação das mulheres na política não é uma exclusividade goiana (Senado Federal, 2016).

Vale ressaltar que cada Estado-membro terá um número de Deputadas(os) Estaduais em sua respectiva Assembleia Legislativa, e esses assentos são calculados da seguinte forma: haverá o triplo do

---

[40]*https://portal.al.go.leg.br/legado/deputado*

número de Deputadas(os) Federais. Depois de alcançado o número de 36 cadeiras, será acrescido 1 assento a cada 12 Deputadas(os) existentes na Câmara dos Deputados.[41]

E você pode estar se perguntando: quanto ganha uma Deputada(o) Estadual? A resposta é: no máximo 75% do valor ganho como subsídio da(o) Deputada(o) Federal.

Agora, vamos à esfera municipal: o Poder Legislativo Municipal será exercido pela Câmara Municipal de Vereadores. Aqui, o cálculo de quantas(os) Vereadoras(es) serão empossadas(os) será feito a partir da quantidade de habitantes do Município. O mandato das(os) Vereadoras(es) é de quatro anos. É permitida a reeleição ilimitada para esse cargo.

Já no Distrito Federal, o órgão que exercerá o Poder Legislativo é a Câmara Distrital, e sua composição é feita pelas(os) Deputadas(os) Distritais. Todas as regras aplicáveis aos Estados-membros também serão aplicadas no âmbito do Distrito Federal, bem como as aplicadas aos Municípios, isso porque o Distrito Federal absorve as funções de Estado-membro e também de Município.

Por este motivo, a Câmara Distrital atua como um misto de Assembleia Legislativa e de Câmara Municipal. Observe que o próprio nome do órgão reflete essa fusão. A Câmara Distrital é composta por 24 Deputadas(os) Distritais que possuem mandato de quatro anos, sendo permitida a reeleição. Lembra-se que comentei a respeito de não ser uma exclusividade da ALEGO o ínfimo número de mulheres eleitas? Pois bem. Na Câmara Distrital, dos 24 assentos, apenas 3[42] são ocupados por mulheres: a Deputada Arlete Sampaio (PT), Jaqueline Silva (PTB) e Júlia Lucy (Novo). Essas parcas cadeiras ocupadas por mulheres eleitas consistem em apenas 12,5% do parlamento distrital.

---

[41]Art. 27. O número de Deputados à Assembleia Legislativa corresponderá ao triplo da representação do Estado na Câmara dos Deputados e, atingido o número de trinta e seis, será acrescido de tantos quantos forem os Deputados Federais acima de doze.
[42]Lista disponível em: http://www.cl.df.gov.br/web/guest/deputados-2019-2022.

Seguindo o raciocínio de paralelismo (princípio da simetria) que aqui aplicamos, chegamos às Câmaras Municipais. Esses órgãos consistem na representação do povo na esfera do Município.

Na capital do meu Estado de Goiás, chamada de Goiânia, onde vivo, a Câmara Municipal possui 35 cadeiras, das quais apenas 5 Vereadoras[43] ocupam assentos atualmente. Essa composição, com pouquíssimas mulheres eleitas para o exercício do importantíssimo cargo de Vereadora, equivale a somente 14% da Câmara Municipal de Goiânia.

Você, leitora, pode fazer esse cálculo da Assembleia Legislativa do seu Estado, bem como da Câmara Municipal de sua cidade. Que tal compartilhar comigo e com as demais leitoras esses dados? Se puder, poste nas redes sociais com a hashtag #ManualMulheresNoPoder/Estado ou #ManualMulheresNoPoder/Cidade, para que todas nós possamos acompanhar e conhecer a realidade política de diferentes locais, das diferentes esferas, desse nosso país continental.

É importante que fique claro: a eleição para os cargos do Legislativo segue o sistema proporcional, que permite uma melhor representação de minorias políticas. Repare, leitora, essa lógica evidencia que a democracia não consiste em consenso da maioria!

Desse modo, o sistema proporcional leva em conta os quocientes eleitoral (soma dos votos válidos divididos pelas cadeiras disputadas) e partidário (obtido a partir da divisão dos votos válidos do partido pelo quociente eleitoral)[44]. O resultado desse cálculo corresponde ao número de cadeiras a serem ocupadas por cada partido.

---

[43] As Vereadoras que atualmente exercem mandato são: Dra. Cristina (PL), Leia Klébia (PSC), Priscilla Tejota (PSD), Sabrina Garcez (PSD) e Tatiana Lemos (PCdoB) — https://www.goiania.go.leg.br/institucional/vereadores_1

[44] Para saber mais acerca dos quocientes eleitoral e partidário, sobras e médias, redução do fenômeno de distorção pelos puxadores de votos e cláusulas de barreira, acesse o material complementar pelo site www.matrioskaeditora.com.br.

10. ESTRUTURA POLÍTICA BÁSICA PARA LEIGAS

Por fim, com a descrição da Câmara Municipal, chegamos à última esfera do Poder Legislativo. Mas antes de passarmos à análise do Poder Judiciário, você pode estar se perguntando: quem sucede à Vereadora, à Deputada (Distrital, Estadual e Federal)? A sucessão desses cargos se dá pelas(os) respectivas(os) suplentes. Todas as pessoas candidatas ao Poder Legislativo são potenciais suplentes no futuro.

A sistemática é um pouco diferente para a suplência ao Senado Federal. Nesse caso, cada pessoa que se candidata ao Senado indica (no momento de registro de sua candidatura, junto ao Tribunal Regional Eleitoral — TRE) dois nomes de pessoas que poderão ser suas suplentes.

Agora, sim! Inicio a descrição do Poder Judiciário: dentre os três Poderes é aquele que mais possui traços particulares. A começar: nem todos os entes federativos possuem os três Poderes. O Poder Judiciário confirma a existência de peculiaridades e excessões dessa sistemática: existe apenas o Poder Judiciário Estadual e Federal. Esse Poder contempla a estruturação mais diferenciada dos demais e sua função típica é a de aplicar a legislação vigente, fazendo a sua interpretação.

O Poder Judiciário é dividido em Justiças. A Justiça Comum, em regra, julga todos os processos judiciais. Também existem as Justiças Especializadas: a Justiça Federal, que tem por função julgar causas de interesse da Administração Federal (União e autarquias públicas federais); a Justiça do Trabalho, cujo cargo é apreciar e julgar os assuntos relativos às greves e às relações de trabalho; a Justiça Militar, que julga os crimes militares e, por último, a Justiça Eleitoral, que fica a cargo da apreciação e julgamento de questões relativas às eleições.

O Poder Judiciário é dividido em instâncias: a primeira instância é chefiada por juízes, enquanto a segunda instância são os Tribunais (na Justiça Estadual é o Tribunal de Justiça; nas demais Justiças Especializadas são chamados de Tribunais Regionais, em regra).

Acima desses Tribunais há os Tribunais Superiores. No caso, tanto da Justiça Comum como também da Justiça Federal, essa jurisdição é exercida pelo Superior Tribunal de Justiça (STJ). Há também o Tribunal Superior Eleitoral (TSE), o Tribunal Superior do Trabalho (TST) e o Superior Tribunal Militar (STM).

O Supremo Tribunal Federal (STF) lida com as questões constitucionais.

Além desse sistema descrito, há também os Juizados Especiais (Estaduais e Federais), que ficam a cargo da apreciação e julgamentos de questões mais simples que demandam soluções de menor complexidade jurídica (popularmente chamados de "pequenas causas"). Os Juizados são divididos em duas instâncias: os Juizados Especiais (1ª instância) e as Turmas Recursais (2ª instância).

Por conta dessa quantidade e variedade de órgãos judiciais, imagine a quantidade de decisões díspares em casos semelhantes que podem ocorrer em nosso país tão extenso? Por essa razão, há órgãos de uniformização nacional de entendimentos, como a Turma Nacional de Uniformização, para o Juizado Especial Federal.

O CNJ não é um órgão jurisdicional, ou seja: não julga demandas judiciais (processos envolvendo partes antagônicas entre si), mas serve para exercer o controle administrativo e financeiro do Poder Judiciário, e também para assegurar que seus órgãos estão cumprindo adequadamente os papéis institucionais.

Essa é a macroestrutura do Poder Judiciário. Como dito anteriormente, nesse Poder, o ingresso se dá por concurso público. Por conta disso, o Poder Judiciário muitas vezes é tido como o mais "acessível e meritocrata" dos Poderes. Contudo, é evidente que em um país onde o acesso aos estudos ainda é artigo de luxo e, em regra, apenas a alta classe possui esse acesso, a percepção de meritocracia cai por terra.

Para que uma pessoa possa disputar qualquer um dos cargos políticos eletivos (para o Poder Legislativo ou Poder Executivo), é necessário que seja brasileira nata, ou naturalizada, e estar filiada a um partido político. Embora haja fervorosa discussão a esse respeito, as candidaturas avulsas ou independentes sem vinculação a partidos políticos, não são permitidas pelo nosso sistema político.

A participação nesse processo político democrático de escolha é obrigatória para as cidadãs e cidadãos com idades entre 18 e 70 anos. Essa participação é facultativa às pessoas não alfabetizadas, ou as que têm 16, 17 e mais de 70 anos de idade.

É de competência comum (responsabilidade e dever de todos os agentes públicos e políticos) nas esferas federal, estadual, distrital e municipal guardar e zelar pela CRFB/1988, como também pelas leis e instituições democráticas e conservar o patrimônio público.

Então, em resumo: O Poder Judiciário aplica, nas demandas concretas, as leis elaboradas pelo Poder Legislativo, enquanto o Poder Executivo administra, também pautado nessas leis.

11
O QUE UMA CANDIDATA SEM EXPERIÊNCIA DEVE SABER?

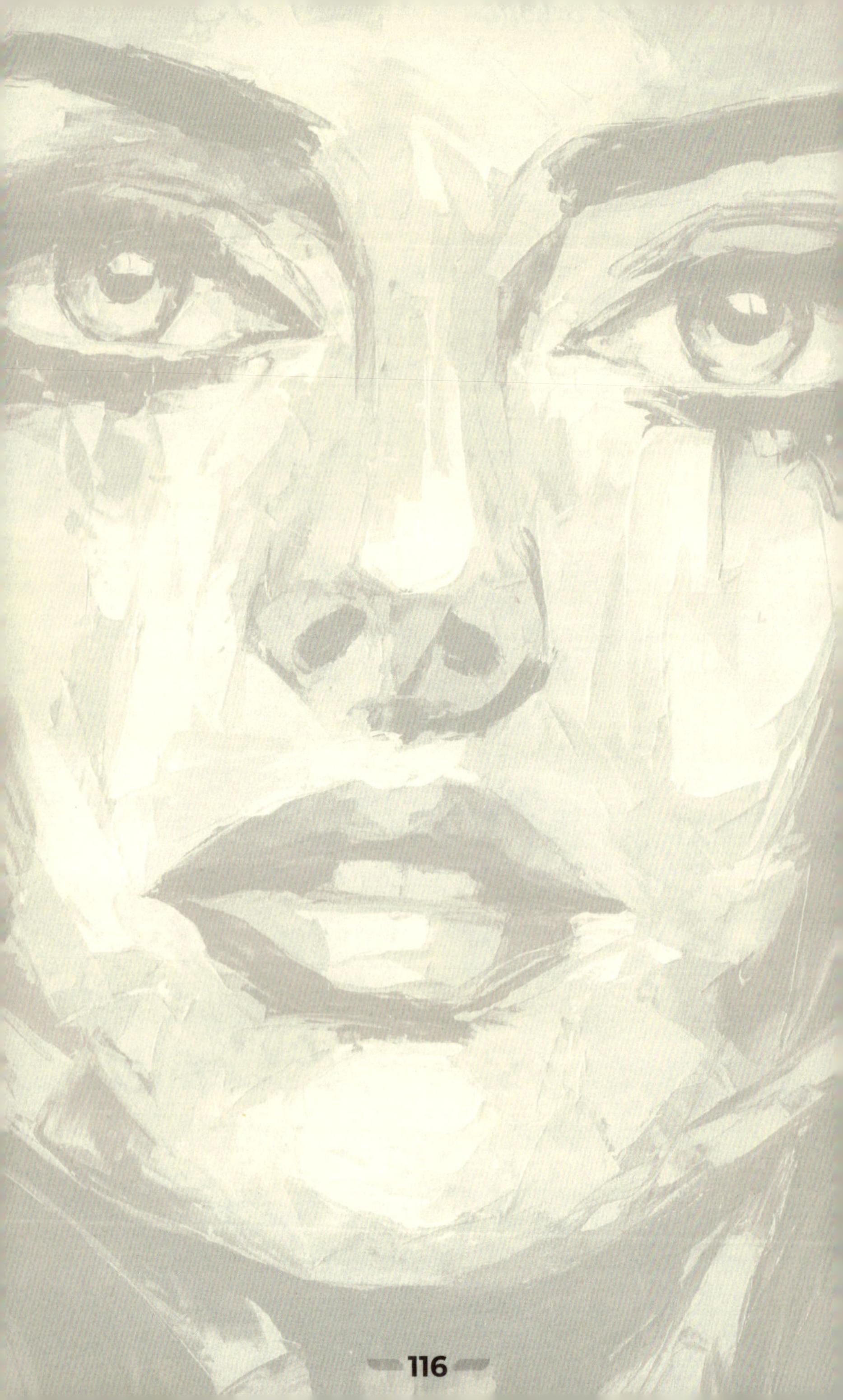

> **O começo é sempre hoje.**
> •
> Mary Wollstonecraft

Primeiro, leitora, é necessário ter em mente que, antes de ser candidata, você deve conhecer os partidos políticos. Procure se reunir com a(o) líder partidária(o) do órgão municipal, ou do estadual/regional e municipal/zonal. Identificar quem é a(o) líder do partido na esfera que pretende se candidatar e atuar é um primeiro passo.

Feita a identificação e o contato com as(os) líderes partidárias(os) que lhe são afetos, faça uma pesquisa sobre os valores dos recursos eleitorais destinados àquela esfera de interesse.

Converse com candidatas que pleitearam cargos eletivos por aquele partido.

Esses três primeiros passos auxiliam na identificação de quem é a(o) líder partidária(o) que decide sobre a destinação das verbas às candidatas e também como as candidatas são tratadas pelo partido de interesse. Isso evitará (o quanto possível) o uso de sua candidatura como fachada.

Atualmente, as candidaturas de fachada são categorizadas em dois tipos: aquela registrada apenas para cumprir a cota de gênero junto à Justiça Eleitoral e aquelas que, além de cumprir a cota, as candidaturas são usadas para "lavar o dinheiro" dos fundos eleitorais destinados às mulheres, para que cheguem a candidatos homens específicos.

Em relação aos partidos políticos, você sabia que dos 33 partidos políticos atualmente registrados no TSE e aptos a registrarem candidaturas de seus filiados, apenas 4 são presidios nacionalmente[45] por mulheres? São eles: PT (Gleisi Hoffmann), PCdoB (Luciana Barbosa de Oliveira Santos), PODE (Renata Hellmeister de Abreu) e PMB (Suêd Haidar Nogueira).

Nos cenários regionais (estaduais) essa realidade ainda é mais crítica, assim como nos diretórios municipais.

Esse é o motivo pelo qual você, enquanto candidata, deve se preocupar em conhecer, manter contato e firmar relação com a pessoa que decide para onde vai o dinheiro, pois campanhas eleitorais custam, essa decisão é feita por um número pequeno de pessoas e poucas campanhas recebem os recursos eleitorais.

Planeje vários cenários financeiros para a sua campanha e tenha planos de segurança (plano A, plano B e plano C). Assim você não se sentirá completamente desamparada, caso os compromissos de distribuição de recursos, feitos pelas(os) dirigentes partidárias(os) não sejam cumpridos e não lhe alcancem.

Atualmente, há possibilidade e previsão legais que permitem, inclusive, financiamento coletivo de campanhas, por meio de arrecadação pela internet[46]. Fique atenta e se planeje para os con-

---

[45]Partidos políticos registrados no TSE. Disponível em: http://www.tse.jus.br/partidos/partidos-politicos/registrados-no-tse

[46]Nestas eleições locais de 2020, a partir de 15 de maio, é permitido às pré-candidatas a arrecadação prévia de recursos na modalidade de financiamento coletivo, ficando a liberação de recursos por parte das entidades arrecadadoras condicionada ao cumprimento, pela candidata, do registro de sua candidatura, da obtenção do CNPJ e da abertura de conta bancária (Lei nº 9.504/1997, artigo 22-A, § 3º e 23, § 4º, inciso IV e Resolução TSE nº 23.607/ 2019).

tratempos e a falta de acesso aos recursos eleitorais — que apesar de terrível, é costumeira.

Dito isso, é imprescindível que você se atente às novas tecnologias. As eleições estão cada dia mais digitais e virtualizadas. Isso quer dizer que grande parte de seus atos de campanha vão existir somente em redes sociais e plataformas virtuais. Por conta disso, fique atenta às ferramentas tecnológicas que vão surgindo.

É importante que você não menospreze o fenômeno das bolhas virtuais, também chamadas de bolhas da internet[47]. Diante do objetivo e do espaço deste livro, sugiro que você pesquise, entenda e — se for possível — faça consultoria com alguém que trabalhe na área.

As bolhas virtuais são reais! Por mais paradoxal que pareça essa frase, quero dizer que você não deve acreditar simplesmente no que a "sua bolha" lhe indica. Acreditar que a quantidade de "likes" que recebe, ou do número de seguidores que você agrega não são uma maneira segura de constatar sua aprovação, lhe conduzirá a erros. Ou não é a única maneira de fazer essa constatação.

Já ouviu falar de algoritmos e como eles são utilizados na política? Compensa pesquisar mais, porque aqui não é o espaço mais adequado para eu me aprofundar no assunto. Quem sabe não iniciamos outro espaço de diálogo e podemos explorar mais o tema?[48]

A personalização de conteúdo estará cada vez mais presente na esfera política e também nas campanhas eleitorais, por isso, não se valha apenas das informações que sua rede social pessoal virtual lhe aponta.

Então, seja curiosa! Além da curiosidade, uma boa alternativa é testar diferentes estratégias *on-line*. Assim, poderá ter uma noção mais fidedigna de como sua candidatura está se comportando

---

[47] Sugiro assistir ao documentário Privacidade Hackeada, dos diretores Jehane Noujaim e Karim Amer. Leia também: https://tab.uol.com.br/nova-bolha
[48] Se você tem sugestões, poste nas redes sociais da @matrioskaeditora e @naravilasboasbuenoelopes

com o eleitorado. Outro ponto importante é: não se esqueça que as pessoas são reais.

Embora estejamos na era da virtualização e da comunicação digital, não se esqueça que o engajamento só acontece quando você alcança pessoas reais. Por isso, crie uma rede real de pessoas apoiadoras. Essa rede real de apoiadoras sempre começa com suas amigas mais próximas, suas conhecidas do trabalho, suas parentes.

A partir dessa rede de apoiadoras, reverbere suas ideias e seus conteúdos. Você verá que essa estratégia relativamente simples e muitas vezes sem custos (ou quase sem custos) é poderosa!

Não utilize a essa sua rede de apoiadoras apenas como vetoras de suas ideias, mas também como verificação de retorno delas. Utilize esses retornos (*feedbacks*) para que as pessoas lhe forneçam informações acerca das suas estratégias adotadas e também do que elas esperam de você enquanto candidata. Interação é uma palavra de ordem. Interaja!

Em minha experiência particular, noto que muitas candidatas pequenas têm tido sucesso em reverberar e aperfeiçoar suas propostas de campanha utilizando formulários virtuais e enquetes nas redes sociais. Lance mão desses — e de outros — artifícios.

Não seja tímida! O eleitorado está habituado com um perfil de candidato que é esperado no pleito. Esse perfil é composto de: homens, brancos, heteronormativos, proprietários de bens (muitas vezes vem com o combo "empresário bem-sucedido") e com meia-idade (entre 45 e 60 anos).

Por isso, comunique-se! Espalhe suas ideias e suas cosmovisões de mundo. O eleitorado precisa conhecê-la! Fale, gesticule, ilustre... em qualquer plataforma que lhe for oferecida: é um grupo de discussão no WhatsApp? Use-o! Surgiram uns minutinhos em uma *live*? Aproveite-os! No barzinho, surgiu o assunto de política? Converse com suas amigas presentes! Na palestra, abriram espaço para perguntas e opiniões? Faça uso da palavra! Todo e qualquer lugar é uma oportunidade para você espalhar suas ideias.

Ao espalhar suas ideias, tenha inteligência na escolha e nas adequações necessárias aos lugares e públicos. Mas nunca perca uma oportunidade de falar.

Certa vez, estava auxiliando uma professora estrangeira, visitante em um congresso acadêmico... Professora Pós-Doutora Alice Nah, da Universidade de York, na Inglaterra. Ela é uma extraordinária ativista em direitos humanos e pesquisadora dos riscos que estão submetidos os defensores dos direitos humanos. Em uma ocasião, me disse que toda vez que fosse franqueada a palavra para o público em geral, que eu fizesse uso dela. Toda vez. Não importando se eu estivesse me sentindo desconfortável, ou achasse que minhas ideias não seriam bem recebidas... "Simplesmente fale!".

Os homens gozam do privilégio de ocupar os espaços públicos, privilégio que foi construído paulatinamente pelo regime de opressão e dominação masculina. Inclusive eles retroalimentam essa construção fazendo uso de suas falas e opiniões. Por isso é tão comum homens se sentirem à vontade para usarem os microfones e propagarem suas ideias. Isso é natural para eles.

Mas, veja bem, não é natural porque eles nasceram com um gene especial de ocupação de espaços públicos. É natural porque essa esfera pública foi assim sendo construída: com a naturalização dos homens ocupando esses espaços.

Então, mesmo se sentindo desconfortável, ocupe espaços. Faça uso da palavra, sempre que for franqueada (observe que eu não disse *lhe* for franqueada). Sempre. Vamos reconfigurar o que é tido como natural. Você, enquanto candidata, tem papel fundamental nessa reconfiguração.

Além disso, procure iniciativas que apoiem e, de alguma maneira, auxiliem em sua preparação enquanto candidata. Nesta seara, posso falar com intimidade de uma iniciativa que me é muito cara: as Goianas na Urna (GnU)[49]! Procure algum projeto semelhante que esteja ao seu alcance, no lugar onde mora. Acredito que participar de projetos como esse fará diferença em sua trajetória!

Atualmente sou líder jurídica da GnU. Falando em área jurídica... é importante que você tenha uma equipe técnica. Seja apenas em consultorias, mas se lhe for possível, contrate uma equipe. Para as campanhas, indico ser o mínimo essencial: uma advogada eleitoralista e uma profissional contábil. Essas duas profissionais são exigidas pela lei para adequar seus procedimentos eleitorais às formalidades exigidas.

Caso você tenha possibilidade, contrate uma equipe técnica mais diversificada, completa, ou faça consultorias. Uma equipe técnica eleitoral geralmente é formada por (além da advogada eleitoralista e de uma profissional contábil) uma gerente de campanha, uma profissional da comunicação política (*marketing*, *design* e propaganda), uma especialista em tecnologias e uma gestora de respostas.

Por último, mas não menos importante: conheça a fundo as atribuições e funções do cargo que está pleiteando. Tenha um panorama geral das estruturas dos Poderes (o capítulo anterior pode ajudar, mas é um início). Saiba argumentar e definir quais funções cabem ao cargo eletivo que pleiteia.

No Brasil, há grande confusão dessas funções e atribuições por parte do eleitorado, que afetam o modo como definem e votam na melhor candidata concorrente ao respectivo posto. Tendo conhecimento dessas informações, você está em vantagem e, além de promover a educação política do eleitorado, se mostrará mais bem preparada para assumir o cargo e exercê-lo com competência. Essa postura, sem dúvida, é um diferencial.

---

[49] *É um projeto supra e apartidário, com o intuito de capacitar mulheres com potencial de liderança das mais diversas regiões de Goiânia e do Estado de Goiás. Somos a primeira escola de formação política voltada para mulheres em Goiás. Nosso objetivo é formar referências políticas para cargos eletivos no Estado, começando na eleição de 2020. Para saber mais, acesse: https://www.goianasnaurna.com.br/*

12

O QUE UMA CANDIDATA EXPERIENTE DEVE CONSIDERAR?

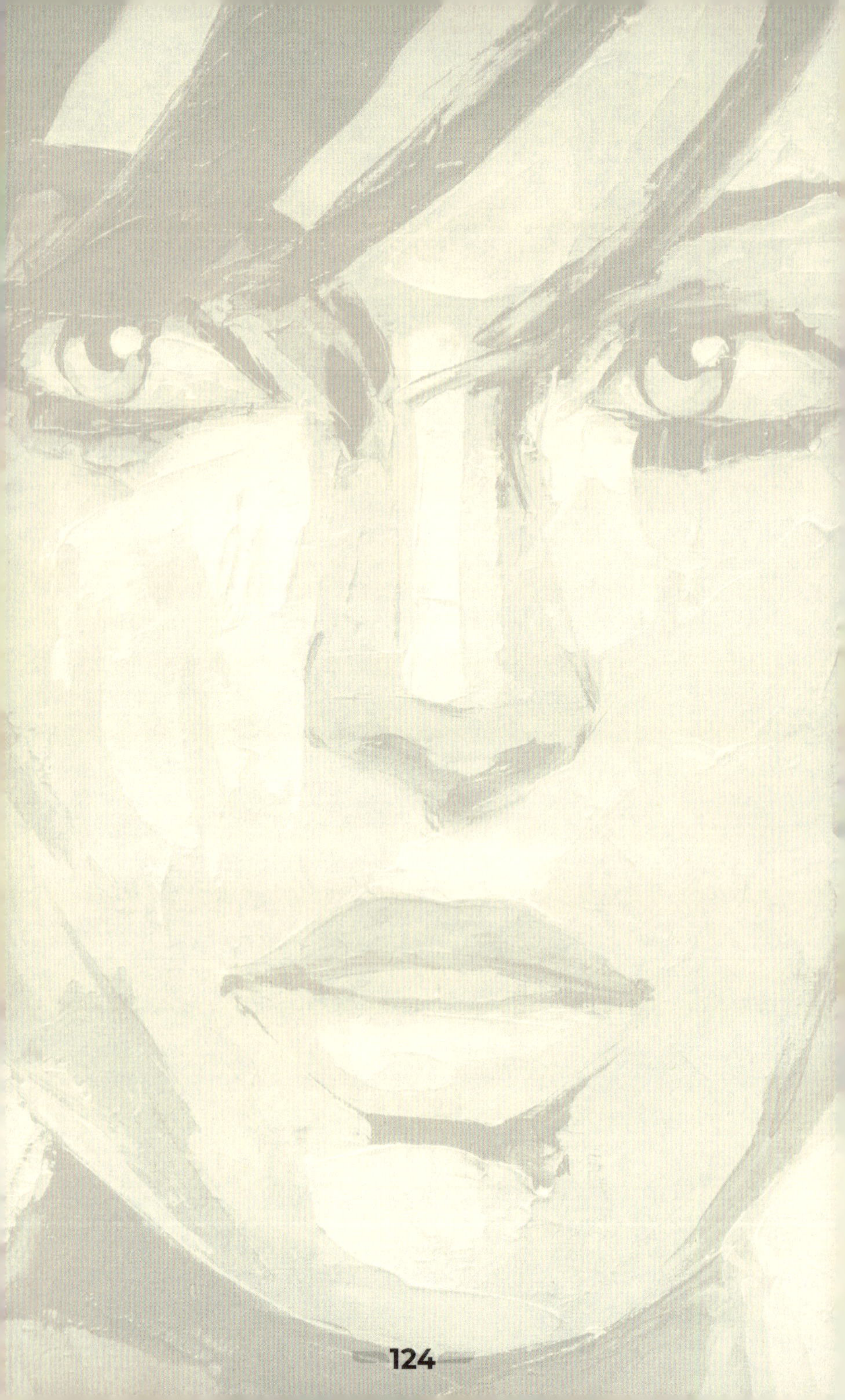

> *Precisamos nos esforçar para "erguer-nos enquanto subimos". Em outras palavras, devemos subir de modo a garantir que todas as nossas irmãs, irmãos, subam conosco.*
>
> — Angela Davis

Além de todas as informações do capítulo anterior, que podem ser aplicadas às candidatas já experientes, alguns pontos podem ser destacados: ocupe os partidos políticos. Enquanto candidata já experiente, você já possui conhecimento e já estabeleceu relação com os líderes dos órgão partidários e também com correligionários de partido. Então, ocupe espaços de liderança nos partidos políticos.

A partir de 2021, os órgãos partidários terão de ser compostos por 30% de mulheres (lembra da decisão comentada no capítulo 5?). Seja essa mulher que lidera o partido político! Assim, gradativamente, as mulheres alcançarão mais condições de fazer decisões que corrigem as desigualdades de gênero na política.

Tome cuidado redobrado com os discursos de igualdade que falsamente colocam mulheres e homens no mesmo patamar de competição, pois eles são maliciosamente utilizados por aqueles que pretendem perpetuar o sistema vigente de mulheres alijadas dos espaços de poder.

Dedique algum tempo para entender e se aprofundar nos conceitos políticos: o que é uma pessoa conservadora? Liberal (na

12. O QUE UMA CANDIDATA EXPERIENTE DEVE CONSIDERAR?

economia e "nos costumes")? Comunista? Socialista? Democrata? Fascista? Progressista?... Vale a pena se dedicar para entender onde seu discurso e seus pensamentos se encaixam e como eles podem ser utilizados em favor de si mesma e das demais mulheres que reivindicam maior espaço na política.

É importante que você entenda quais implicações existem na adoção de discursos conservadores retrógrados — não só à sua campanha — mas a todas as mulheres.

Reforce os vínculos comunitários criados na(s) campanha(s) anterior(es), mas não se esqueça de se dedicar a criar novas relações e vínculos com mais pessoas. A ideia é expandir para conquistar!

Faça aliança com outras mulheres, sempre! Quanto mais fortes nos tornamos, mais chances de chamarmos atenção para nossas pautas reivindicadas e mais chances delas serem atendidas.

Se estiver a seu alcance, faça um esforço: invista tempo, energia, conhecimento e recursos no combate às violências políticas sofridas pelas candidatas, no combate aos sistemáticos e organizados procedimentos de desinformação de ataques às mulheres e do espaço das candidatas.

E boa campanha!

13

FUI ELEITA! E AGORA?
A IMPORTÂNCIA DA DEFESA DAS PAUTAS E INTERESSES DAS MULHERES

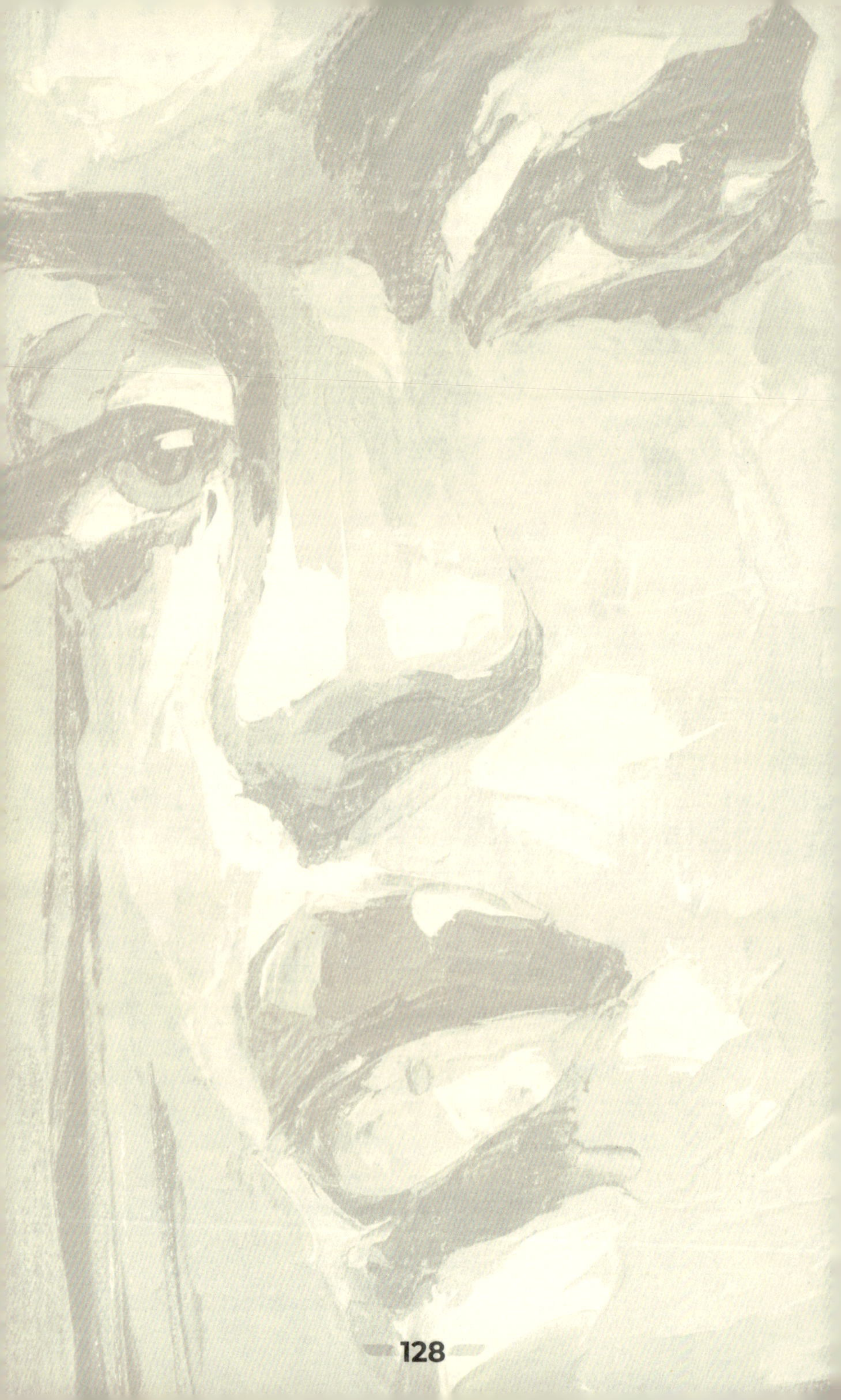

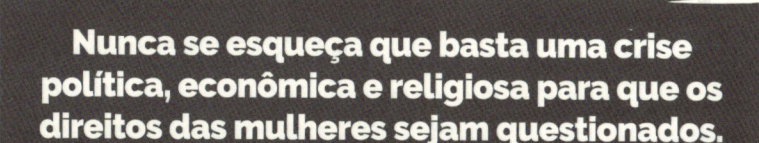

> **Nunca se esqueça que basta uma crise política, econômica e religiosa para que os direitos das mulheres sejam questionados.**
>
> Simone de Beauvoir

Primeiro: parabéns! Estou orgulhosa de você ter conseguido concluir essa tarefa hercúlea para as mulheres, que é a eleição! Viva!

Agora o trabalho realmente começa. Por isso, respire fundo, estufe o peito e orgulhe-se do seu feito! Você é extraordinária!

Agora você representa não só a si mesma e a sua base eleitoral... Você representa uma minoria política que, a duras penas, pôde chegar ao poder.

Evite cair nas armadilhas dos ciclos de defesa de interesses excludentes, misóginos. Certa vez fui perguntada se apenas as novas políticas (em referência às mulheres candidatas mais jovens), seriam capazes de defender as pautas feministas e libertárias da paridade.

Essa espinhosa questão existe porque, geralmente, as mulheres que já estão na política (com raras e honrosas exceções), colheram "heranças" políticas de homens. Explico: se a candidata Maria de Tal é Senadora da República, muito provavelmente ela alcançou aquele cargo eletivo porque seu esposo ou pai "transferiram" a ela seu capital político. Acontece assim na maioria das vezes. Como disse, há raras e honrosas exceções a essa lógica.

13. FUI ELEITA! E AGORA? A IMPORTÂNCIA DA DEFESA DAS PAUTAS E INTERESSES DAS MULHERES

Acontece que uma mulher que herda o capital político de um homem faz compromissos (expressa ou implicitamente, velados ou explícitos) que incluem a manutenção da "ordem" anteriormente estabelecida. Essa ordem é a da continuidade de políticas de conservação da concentração de renda e poder entre os "escolhidos".

Daí é importante que você questione: por que uma mulher que foi eleita dentro da sistemática opressora de outras mulheres, fruto da hegemonia masculina, vai querer romper com essa mesma lógica que a permite gozar de privilégios sobre todas as demais?

Por esse motivo, tenho mais esperança nas candidatas independentes, que não são usadas de *token*[50] pelo sistema machista vigente. Por outro lado, você tem de se questionar: uma esposa de um latifundiário, político tradicional, explorador do agronegócio de exportação... quais interesses essa mulher irá defender?

Do mesmo modo, uma filha de um banqueiro, ou de um ricaço megaempresário que explora a lógica da mão de obra barata das trabalhadoras com poucos estudos... essa mulher vai realmente servir para implementar a mudança desse sistema que a colocou justamente para gozar de privilégios dessa sistemática?

Mas você pode me questionar: Nara, é impossível uma mulher

---

[50] *O fenômeno do Tokenismo foi teorizado pela Professora Rosabeth Moss Kanter, ainda no final dos anos 1970, e significa que o grupo que goza do status de maioria política permite a inserção, em seu meio, de alguns exemplares do grupo político minoritário. Acaso a quantidade de pessoas do grupo politicamente minoritário continue sendo exceção dentro da regra daquela maioria política, a pessoa inserida fará apenas um papel de token (em tradução literal significa símbolo).*
A maneira de evitar que uma pessoa seja apenas um símbolo de uma suposta inclusão política é a existência de representantes da minoria política ocupando 40% ou mais dos espaços de poder. Daí sim, a lógica da maioria será reavaliada pelos tomadores de decisão (minoria e maioria política somadas), não prevalecendo a sistemática imposta pela maioria política.
Aqui, um podcast que trata sobre a relevante tese do Tokenismo da Professora Doutora Rosabeth: https://www.talkingaboutorganizations.com/e17/

fruto desse círculo vicioso romper essas barreiras e realmente exercer um mandato a serviço da expansão das fronteiras das mulheres? Minhas resposta é: não. Não é impossível, mas é difícil.

Então, espero que você mantenha seus compromissos com as pautas de paridade de gênero durante o exercício de seu mandato. Esse é um desafio grandioso, mas somos muitas e somos excepcionais! Espero que, em cada decisão tomada, durante esse homérico desafio, você se recorde das milhões de mulheres que dependem — indireta e diretamente — do exercício de seu poder.

Sua vitória vem com uma imensa responsabilidade de atuar, de fato, para implementar a mudança.

O exercício do poder por mulheres, a ocupação por mulheres a cargos eletivos, se presta a concretizar uma das duas vertentes: ou para servir como viés de confirmação da excepcionalidade que consiste uma mulher estar naquele espaço (mantendo a maioria masculina e a mesma lógica de hegemonia e opressão masculina), ou para transformar a lógica que a fez chegar ali, permitindo que todas as outras também exerçam poder.

Espero que sua eleição sirva para concretizar esta segunda via e muitas mais mulheres passem a ocupar cargos públicos e espaços de poder, justamente porque sua atuação permitiu essa mudança e serviu como mola propulsora da implementação dessa transformação.

Mantenha-se vigilante para não cair na armadilha de ser a política feminista que defende apenas a igualdade. Lembre-se de que a igualdade que deve ser implementada é a igualdade substantiva (explicada no capítulo 9), não a igualdade rasa e manipulável formalmente assegurada.

Você não precisa saber tudo e ter todas as respostas. Sendo assim, acaso não domine alguma área, ou assunto, aprofunde-se em conhecimentos técnicos. Existem mulheres fantásticas, cujas expertises variadas podem lhe servir como esteio em seus projetos e atuação política. Então, entre em contato com essas mulheres e peça auxílio de seus espetaculares conhecimentos!

Mantendo em mente as pautas de paridade de gênero e a necessidade de reconfigurarmos a lógica vigente (de hegemonia e opressão masculinas), você fará um trabalho incrível, tenho certeza! Por isso, mãos à obra!

14
VAMOS ÀS URNAS!

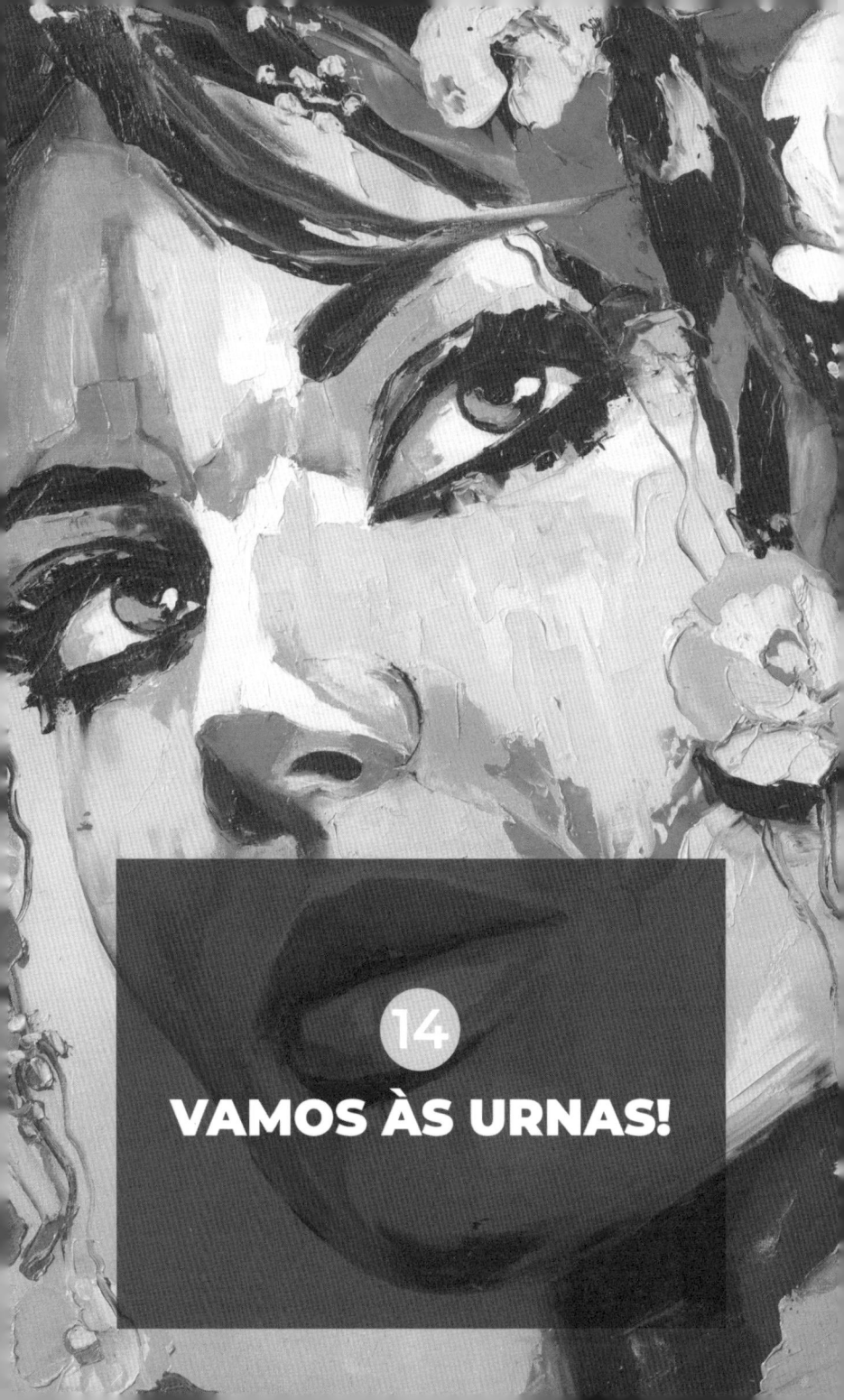

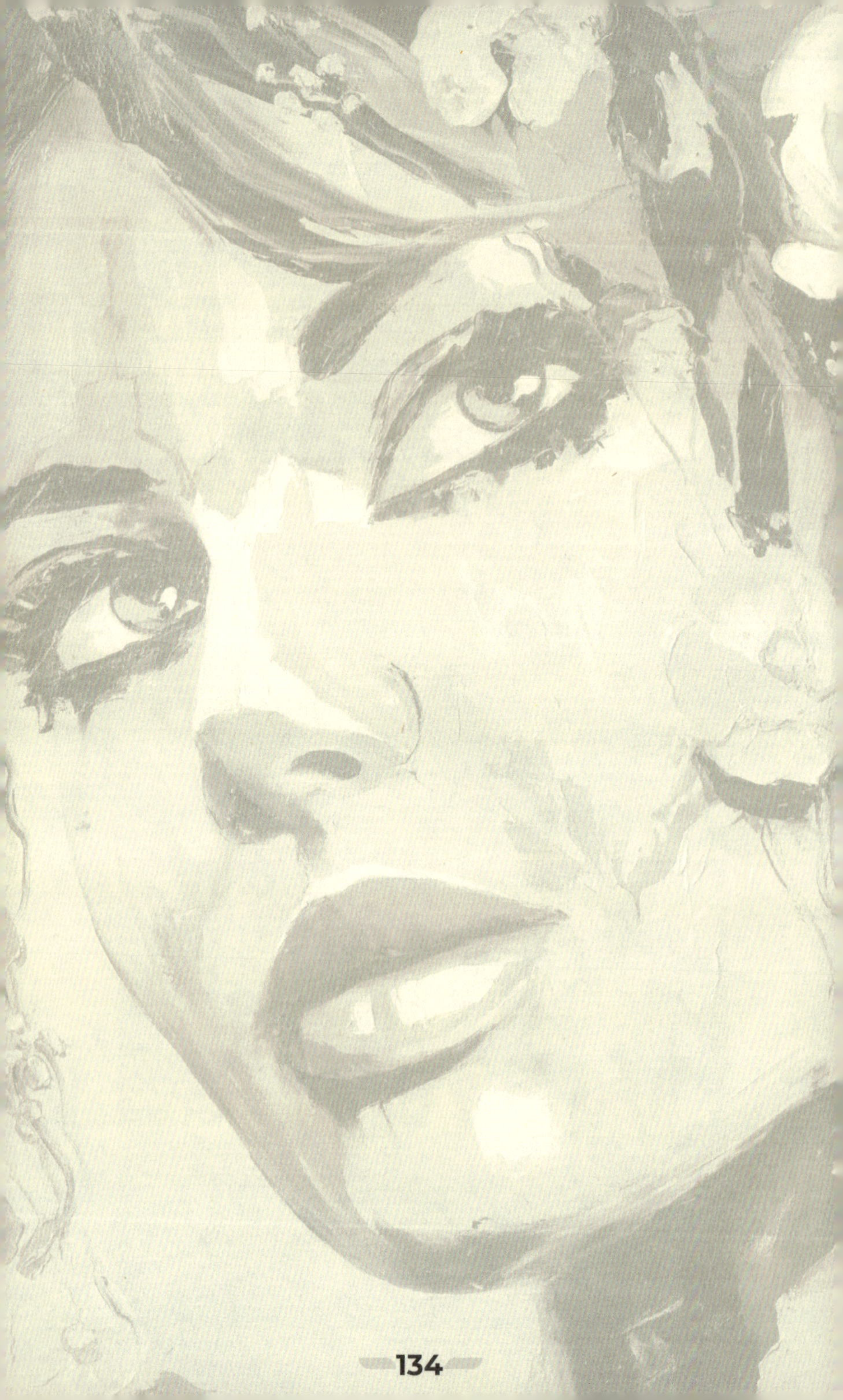

> "Quando uma mulher entra na política, muda a mulher. Quando muitas mulheres entram na política, muda a política."
>
> Michelle Bachelet

Você chegou ao final desse livro com ideias que — espero! — façam a diferença no seu agir cotidiano. Também espero que você tenha refletido sobre alguns pontos de como fazemos política enquanto mulheres que somos.

Tenho certeza que muitas das ideias inseridas nessas reflexões não são novidades para você. Mas desejo que você e eu tenhamos a oportunidade de implementar essas ideias de uma maneira nova.

Acaso tenham sido ideias novas, que você ainda não tinha tido contato, estou aqui para que possamos amadurecê-las, juntas. Além de mim, sei que estão disponíveis — ao alcance de um clique — um sem-número de mulheres incríveis que anseiam por transformações. Sigamos juntas nessa luta!

Minhas expectativas são altas: que façamos uma transformação nas atuais fronteiras que são colocadas às mulheres. Não se esqueça de ter empatia com outras mulheres. Particularmente, faço meu exercício prático dessa empatia, quase que diariamente, inspirada nas palavras da filósofa Djamila Ribeiro (2019, p. 90-91). Dela pego emprestado do raciocínio antirracista — que cabe plenamente na luta por ocupação das mulheres nos espaços de poder. Essas palavras, podem auxiliar você — como ajudam a mim — na construção de uma postura ativa e prática da empatia, "fala-se muito em colocar-se no lugar do outro. Mas empatia é uma construção intelectual, ética e política. Ao

14. VAMOS ÀS URNAS!

amar alguém de um grupo minorizado, deve-se entender alguém à condição do outro, para que se possa, de fato, assumir ações para o combate de opressões das quais a pessoa amada é vítima. É uma postura ética: questionar as próprias ações em vez de utilizar a pessoa amada como escudo. A escuta, portanto, é fundamental."

Por isso, não basta termos mulheres representando o gênero na política. Nós só conseguiremos, de fato, romper as barreiras invisíveis e materializarmos a paridade democrática se as mulheres — e homens! — eleitas forem conscientes, sensíveis e honestas intelectualmente com as pautas de paridade de gênero e de acesso das mulheres às mesmas oportunidades.

É preciso que as mulheres sejam naturalizadas no exercício do poder, e não apenas se sujeitem a ele. Assim, não basta só elegermos mulheres. É imprescindível que as mulheres eleitas defendam os interesses das mulheres. Não basta a representatividade numérica. Precisamos reconfigurar a política.

Por fim, pego emprestado um raciocínio que me foi apresentado recentemente por uma incrível mulher, líder indígena, Sônia Guajajara, que trata de povos originários, mas que é perfeitamente adaptável à temática aqui tratada: precisamos parar de achar que incluir mulheres na política significa permitir avanços apenas às mulheres. Incluir mulheres nos espaços de poder — dentre eles, na política — permite que toda a sociedade experimente avanços inimagináveis. A inclusão da mulher é para o benefício de todes[51] nós.

Todes colhem uma sociedade mais plural, mais justa e solidária, não somente as mulheres, com a modificação da política. E a maneira de transformar a política — esfera pública por excelência — é fazendo política. Portanto, vamos às urnas!

---

[51] Aqui, utilizo o todes por vários motivos coordenados: porque combato a invisibilidade de gênero, já advogada por mim, no início deste livro. Além disso, utilizo o "e" como partícula neutra, para desconstruir a noção de que o plural masculino é capaz de absorver as mulheres. Por último, esclareço que utilizo o "e" (ao invés do x, exemplo: todxs), para facilitar o acesso aos deficientes visuais.

REFERÊNCIAS

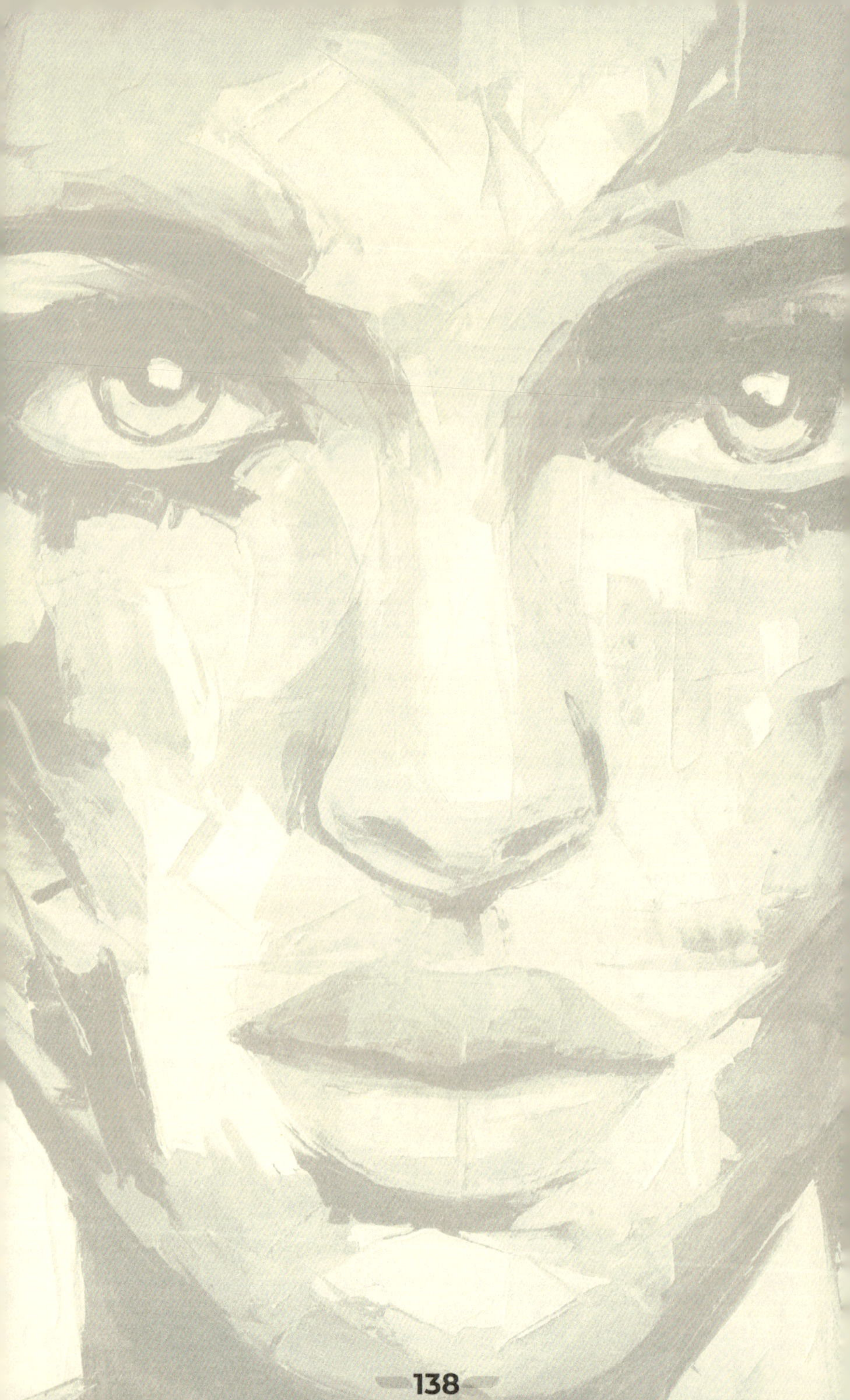

ADICHIE, Chimamanda Ngozi. **Americanah**. Tradução Júlia Romeu. 1. ed. São Paulo: Companhia das Letras, 2014.

_____. **Sejamos todos feministas**. Tradução de Cristina Baum. São Paulo: Companhia das Letras, 2015.

AGÊNCIA CÂMARA DE NOTÍCIAS. **Voto feminino resultou de longo processo de mobilização**. Publicado em 24 Fev. 2012. Disponível em: https://www.camara.leg.br/noticias/366066-VOTO-FEMININO-RESULTOU-DE-LONGO-PROCESSO-DE-MOBILIZACAO. Acesso em: 09 Jul. 2020.

AGÊNCIA SENADO. **Agora é lei: mãe pode registrar filho no cartório sem presença do pai.** Publicado em 31 Mar. 2015. Disponível em: https://www12.senado.leg.br/noticias/materias/2015/03/31/agora-e-lei-mae-pode-registrar-filho-no-cartorio-sem-a-presenca-do-pai. Acesso em: 09 Jul. 2020.

AVELAR, Lúcia. **Mulheres na elite política brasileira.** 2. ed. revisada e ampliada. São Paulo: Fundação Konrad Adenauer — Editora da UNESP, 2001.

BARBIERI, Renato. **Cora Coralina, todas as vidas.** Documentário. [1′14]. Disponível em: https://www.youtube.com/watch?v=NBqBVoBT-4I. Acesso em: 09 Jul. 2020.

BARRETO, Anna Flávia Arruda Lanna. **Movimento feminino pela anistia**: a esperança do retorno à democracia. 1. ed. Curitiba: Editora CRV, 2011.

BELMONTE, Renata Leal Conceição. **Quotas para Mulheres em Conselhos de Administração das Empresas, à Luz da Teoria Feminista do Direito.** Tese (Doutorado em Direito) - Faculdade de Direito da Universidade de São Paulo. São Paulo, 2014. Disponível em: https://teses.usp.br/teses/disponiveis/2/2140/tde-04102017-093636/publico/RENATA_LEAL_CONCEICAO_BELMONTE.pdf

BIROLI, Flávia; MIGUEL, Luis Felipe. **Feminismo e Política**: uma introdução. 1. ed. São Paulo: Boitempo, 2014.

_____; _____ (org). **Teoria política feminista:** textos centrais. Vinhedo: Editora Horizonte, 2013.

REFERÊNCIAS

CARPANEZ, Juliana. A nova bolha. Uol. Disponível em: https://tab.uol.com.br/nova-bolha. Acesso em: 09 Jul. 2020.

COMISSÃO NACIONAL DA VERDADE. **Relatório da Comissão Nacional da Verdade**, 10 Dez. 2014. Disponível em: http://cnv.memoriasreveladas.gov.br/. Acesso em 09 Jul. 2020.

DE GOUGES, Olympe. **Declaração dos direitos da mulher e da cidadã – 1791**. Biblioteca Virtual de Direitos Humanos. Disponível em: http://www.direitoshumanos.usp.br/index.php/Documentos-anteriores-%C3%A0-cria%C3%A7%C3%A3o-da-Sociedade-das-Na%C3%A7%C3%B5es-at%C3%A9-1919/declaracao-dos-direitos-da-mulher-e-da-cidada-1791.html. Acesso em: 09 Jul. 2020.

DINIZ, Débora. **Carta de uma orientadora:** o primeiro projeto de pesquisa. 2. ed. Brasília: LetrasLivres, 2013. p. 11.

ESTADÃO Conteúdo. IDH: brasileiras estudam mais, mas ganham menos que homens. Publicado em 14 Set. 2018. **Veja,** 2018. Disponível em: https://veja.abril.com.br/economia/idh-brasileiras-estudam-mais-mas-ganham--menos-que-homens/. Acesso em 09 Jul. 2020.

FEDERICI, Silvia. **Calibã e a bruxa**. São Paulo: Elefante, 2018.

GONÇALVES, Ana Maria. **Um defeito de cor.** 20. ed. Rio de Janeiro: Editora Record, 2019.

INSTITUTO BRASILEIRO DE GEOGRAFIA E ESTATÍSTICA (IBGE). **Em 2018, mulher recebia 79,5% do rendimento do homem.** Publicado em 8 Mar. 2019. Rio de Janeiro: Agência IBGE Notícias. Disponível em:. https://agenciadenoticias.ibge.gov.br/agencia-sala-de-imprensa/2013-agencia-de-noticias/releases/23923-em-2018-mulher-recebia-79-5-do-rendimento-do--homem. Acesso em: 09 Jul. 2020.

_____ . **População residente por sexo, 2010.** Disponível em: https://www.ibge.gov.br/estatisticas/sociais/populacao/9662-censo-demografico-2010.html?=&t=destaques. Acesso em: 09 Jul. 2020.

KANTER, Rosabeth Moss. **Tokenism.** Podcast. Disponível em: https://www.

talkingaboutorganizations.com/e17/. Acesso em: 09 Jul. 2020.

KINZO, Maria D'Alva G. A democratização brasileira — um balanço do processo político desde a transição. **Revista São Paulo em Perspectiva**, São Paulo, v. 15, n. 4, out./dez. 2001. Versão on-line ISSN 1806-9452.

LUSTOSA, Isabel. **Histórias de presidentes**: a República no Catete. Petrópolis, Rio de Janeiro: Editora Vozes — Fundação Casa de Rui Barbosa, 1989.

MACEDO, Danilo. Governo norte-americano participa do golpe militar no Brasil. Publicado em 31 Mar. 2014. **Empresa Brasil de Comunicação (Agência Brasil)**, Brasília, 2014. Disponível em: https://agenciabrasil.ebc.com.br/politica/noticia/2014-03/governo-norte-americano-participa-de-golpe-militar-no-brasil. Acesso em: 09 Jul. 2020.

MONTELLO, Josué. **Os tambores de São Luís**. Rio de Janeiro: Editora Livraria Jose Olympio, 1981.

MONTERO, Rosa. **História de mulheres.** Traduzido por Joana Angélica d'Ávila Melo. Rio de Janeiro: Agir, 2008. p. 43 e ss.

MOUFFE, Chantal. **Sobre o político.** São Paulo: WMF Martins Fontes, 2015.

ORGANIZAÇÃO DAS NAÇÕES UNIDAS. NAÇÕES UNIDAS BRASIL. **Brasil fica em 167º lugar em ranking de participação de mulheres no Executivo, alerta ONU.** Publicado em 16 Mar. 2017. Disponível em: https://nacoesunidas.org/brasil-fica-em-167o-lugar-em-ranking-de-participacao-de-mulheres-no-executivo-alerta-onu/. Acesso em: 09 Jul. 2020.

PAIVA, Vitor. **Coronavírus: primeira-ministra da Nova Zelândia 'dá aula' de como governar em meio ao caos.** Hypeness (on-line). Disponível em: https://www.hypeness.com.br/2020/04/coronavirus-primeira-ministra-da-nova-zelandia-da-aula-s-como-governar-em-meio-ao-caos/. Acesso em: 09 Jul. 2020.

PINSKY, Carla Bassanezi; PEDRO, Joana Maria. **Nova História das Mulheres no Brasil.** São Paulo: Contexto, 2012.

PRIVACIDADE Hackeada. Direção de Jehane Noujaim e Karim Amer. Scotts

REFERÊNCIAS

Valley: Netflix, 2019. (113 min)

RIBEIRO, Djamila. **Pequeno manual antirracista.** São Paulo: Companhia das Letras, 2019. p. 90-91.

SENADO FEDERAL. **Equidade de gênero na política, 2016.** Disponível em: https://www12.senado.leg.br/institucional/datasenado/arquivos/equidade-de-genero-na-politica-2016. Acesso em: 09 Jul. 2020.

SUPREMO TRIBUNAL FEDERAL. **STF garante mínimo de 30% do fundo partidário destinados a campanhas para candidaturas de mulheres.** Publicado em 15 Mar. 2018. Disponível em: http://www.stf.jus.br/portal/cms/verNoticiaDetalhe.asp?idConteudo=372485. Acesso em 09 Jul. 2020.

TED. **Chimamanda Adichie: o perigo de uma única história.** Publicado em 7 Out. 2009. Disponível em: https://www.youtube.com/watch?v=D9Ihs-24Izeg. Acesso em: 09 Jul. 2020.

TEDxEuston. **Todos nós deveríamos ser feministas,** de Chimamanda Ngozi Adichie. Publicado em 12 Abr. 2013. Disponível em: https://www.youtube.com/watch?v=hg3umXU_qWc&t=504s. Acesso em: 09 Jul. 2020.

TIBURI, Márcia. **Feminismo em comum** - para todas, todes e todos. 13. ed. Rio de Janeiro: Rosa dos Tempos, 2020. p. 107, 108, 115.

UFG. **Saúde mental e gênero:** por que mulheres sofrem tanto no amor e na maternidade. Participação das Professoras PhD Carmem Lúcia Costa (http://lattes.cnpq.br/2260768637895317) e Dra. Valeska Zanello (http://lattes.cnpq.br/0163069128352529). Live promovida pelo Programa de Pós-Graduação Interdisciplinar em Direitos Humanos da Universidade Federal de Goiás — PPGIDH/UFG. Publicada em 19 Jun. 2020. Disponível em: https://www.youtube.com/watch?v=QKjk2ncc5vk&t=7s. Acesso em: 09 Jul. 2020.

UNIVESP TV, 2014. **1964: Cronologia. Comício da Central do Brasil.** Disponível em: https://www.youtube.com/watch?v=1oQ3tbIBu18. Acesso em: 9 Jul. 2020.

VIGGIANO, GIULIANA. Cobranças no trabalho e na família prejudicam mais a saúde das mulheres. Publicado em 29 Out. 2019. **Revista Galileu (on-line)**, 2019. Disponível em: https://revistagalileu.globo.com/Ciencia/Saude/noticia/2019/10/cobrancas-no-trabalho-e-na-familia-prejudicam-mais-saude-das-mulheres.html. Acesso em: 09 Jul. 2020.

WITTENBERG-COX, Avivah. What Do Countries with the Best Coronavirus Responses Have in Common? Women Leaders. **Forbes**, 2020. Publicado em 13 Abr. 2020. Disponível em: https://www.forbes.com/sites/avivahwittenbergcox/2020/04/13/what-do-countries-with-the-best-coronavirus-reponses-have-in-common-women-leaders/?fbclid=IwAR-3zVDo_fdqBVxzFcIvNs-HfAU-3O3sRuBnZ-WCSqxP4ZLcUg88MppXkH-D9U#7c4b61743dec. Acesso em: 09 Jul. 2020.

WOLLSTONECRAFT, Mary. **Reivindicação dos direitos da mulher.** São Paulo: Boitempo, 2016. p. 69. Disponível em: https://edisciplinas.usp.br/pluginfile.php/4545865/mod_resource/content/1/Reivindicação%20dos%20direitos%20da%20mulher%20-%20Mary%20Wollstonecraft.pdf. Acesso em: 09 Jul. 2020.

Impressão e Acabamento:

EXPRESSÃO & ARTE
EDITORA E GRÁFICA

Fones: (11) 3951-5240 | 3951-5188
E-mail: atendimento@expressaoearte.com
www.graficaexpressaoearte.com.br